Reclams klassischer Adventskalender

Reclams klassischer Adventskalender

Herausgegeben von Karl-Heinz Göttert

Reclam

RECLAMS UNIVERSAL-BIBLIOTHEK Nr. 14405
2023 Philipp Reclam jun. Verlag GmbH,
Siemensstraße 32, 71254 Ditzingen
info@reclam.de
Umschlagabbildungen: Aquarell Weihnachtsbaum – © iStockphoto.com / Olya Haifisch;
Stapel Bücher – © iStockphoto.com / Ekaterina Skorik
Abbildungen Innenteil: Adventszahlen – © shutterstock.com / Oqvector; Schneeflocken – © shutterstock.com / antuanetto
Druck und Bindung: Druckerei C.H.Beck,
Bergerstraße 3–5, 86720 Nördlingen
Printed in Germany 2025
RECLAM, UNIVERSAL-BIBLIOTHEK und
RECLAMS UNIVERSAL-BIBLIOTHEK sind eingetragene Marken der Philipp Reclam jun. GmbH & Co. KG, Stuttgart
ISBN 978-3-15-014405-3
reclam.de

Vorwort

Ein Adventskalender muss nicht immer Bilder oder Süßigkeiten enthalten, es geht auch mit literarischen Texten. Die Auswahl ist unerhört groß, wenn man Gedichte, Erzählungen, Auszüge aus Romanen und nicht zuletzt Briefe einbezieht. Die Autorinnen und Autoren der folgenden Texte sind allesamt ›Klassiker‹. *Reclams klassischer Adventskalender* richtet sich primär nicht an Kinder, die ja ihren eigenen haben, sondern an Erwachsene mit Interesse an der ›klassischen‹ deutschen Literatur. Vielleicht liegt für viele eine Überraschung darin, dass durchweg bekannte Namen auftauchen, ja einige von ihnen regelrechte Spezialisten bei diesem Thema sind.

Viele Schreibende haben das Thema Weihnachten in Erzählungen oder Kurzgeschichten aufgegriffen. Gelegentlich enthalten auch Romane ein Kapitel zum Fest, was eine besondere Herausforderung für die handelnden Personen darstellt. Erst recht ist an Gedichten kein Mangel. Sie umkreisen die Stimmung an diesem besonderen Fest, suchen etwas von seiner Atmosphäre einzufangen.

Und es gibt, wie schon erwähnt, die Briefe. Autorinnen und Autoren haben in der Weihnachtszeit häufig aus der Ferne an ihre Eltern oder auch an ihre Kinder geschrieben, frohe Tage gewünscht und dabei anklingen lassen, wie wichtig ihnen dieses Fest ist. Gelegentlich erfährt man etwas über Zeremonien in früheren Tagen, die später schmerzlich vermisst werden.

Die Adventszeit gehört liturgisch zum Weihnachtsfestkreis, mit dem Höhepunkt des Weihnachtsfestes am 24./25. Dezember. Dieser Adventskalender bietet nicht nur

Texte zum Advent, zur Erwartung von und zur Vorbereitung auf Weihnachten, sondern hauptsächlich zu Weihnachten selbst – wenn man so will: alles in »Vorfreude« auf das Fest der Feste, so wie Rainer Maria Rilke einmal in einem Brief an seine Mutter den eigentlichen Sinn der Adventszeit definierte.

Für diese Auswahl wurden ausschließlich deutsche Klassiker berücksichtigt, das Schwergewicht liegt auf dem 19. und 20. Jahrhundert. Die Anordnung der Texte folgt nicht der Lebenszeit der Autorinnen und Autoren, sondern bemüht sich um Vielgestaltigkeit, Buntheit. Dabei ist nur ein Prinzip durchgehalten: der stete Wechsel von Versen und Prosa.

1

Martin Luther veröffentlichte den Liedtext im Jahre 1524, in zeitlicher Nähe zum Beginn seiner Bibelübersetzung, mit der er 1522 mit Texten des Neuen Testaments begonnen hatte. Nun komm, der Heiden Heiland *ist eines von 34 Liedern des Reformators, das wie bei der Bibelübersetzung die fremdsprachige Vorlage dem ›Volk‹ in deutscher Sprache nahebringen sollte. In diesem Fall handelt es sich um den Hymnus des Ambrosius* Veni redemptor gentium, *den Luther auf fünf Strophen einkürzte.*

MARTIN LUTHER

Nun komm, der Heiden Heiland

Nun komm, der Heiden Heiland,
der Jungfrauen Kind erkannt,
dass sich wunder alle Welt,
Gott solch Geburt ihm bestellt.

Er ging aus der Kammer sein,
dem königlichen Saal so rein,
Gott von Art und Mensch, ein Held;
sein' Weg er zu laufen eilt.

Sein Lauf kam vom Vater her
und kehrt wieder zum Vater,
fuhr hinunter zu der Höll
und wieder zu Gottes Stuhl.

Dein Krippen glänzt hell und klar,
die Nacht gibt ein neu Licht dar.
Dunkel muss nicht kommen drein,
der Glaub bleib immer im Schein.

Lob sei Gott dem Vater g'tan;
Lob sei Gott sei'm ein'gen Sohn,
Lob sei Gott dem Heilgen Geist
immer und in Ewigkeit.

2

Mit 18 Jahren schildert Rainer Maria Rilke in der Erzählung Das Christkind *die rührende Geschichte eines armen Waisenkinds mit Namen Betty, das am Christabend in den Wald geht und sich sein eigenes Weihnachtsfest erschafft – angefangen mit dem Schmücken eines Baumes. Es wird ein schöneres Fest noch als das der reichen Kinder im Land, wie es zwei Waisenkinder bezeugen, die an der Stelle das Christkind gesehen haben wollen.*

RAINER MARIA RILKE

Das Christkind

»Gestorben« stand in gleichgültigen, brutalen, feuchtleuchtenden Lettern in dem dicken, grünen Krankenhausbuch. In derselben Zeile war zu lesen: II. Stock, Zimmer 12, Nummer 78. Horvát, Elisabeth, Försterstochter, 9 Jahre alt.

Der frühe Februarabend sah wie mit rotgeweinten Büßeraugen, müd und mürrisch, in das Zimmer 12. Die grau-weißen Wände der Krankenstube schienen in dem gleichfarbenen Dämmer zu zerfließen, und das schwarze Holzkreuz schwebte frei in der Luft. Die Eisenbetten waren in verschwommenen Umrissen sichtbar. Die dämmerige Atmosphäre lag wie ein Bann auf den Kindern, deren je zwei ein Lager teilten. Irgendwo in dunkler Ecke weinte eines trostlos und leise, ein anderes erzählte mit weicher, vorsichtiger Stimme, als ob es am Bett der kranken Mutter säße, und ein kleines Mädchen, dem Fenster zunächst, hockte aufrecht in den Kissen, die Arme um die aufgestemmten Kniee geschlungen. Sein Profil und die rundliche Schulter hoben sich scharf als Silhouette ab von dem blassgrauen Fenster. Und die karbolsatte Luft war so dicht, dass es schien, als prallten die schüchternen Laute des plaudernden Mädchens an ihr ab, und nur das versteckte Weinen aus der dunkeln Ecke bohrte sich mit spitzen Tönen in das Dämmer. So ist es im Wald an den Nebelnachmittagen des Frühherbstes: Die Stimmen aus Bach und Kraut versickern in dem Dunstmeer, und nur das Wimmern windgequälter Wipfel zittert durch den einsamen Tann.

Jetzt trat die wartende Schwester zärtlichen Schrittes in die Stube ein. Sie entzündete die Gasflamme, die, hinter grünem Zeug versteckt, an der Mittelwand des Zimmers angebracht war. – Das mondscheinfarbene Licht flutete weich wie eine an flachem Sande landende Welle durch den Raum und beleuchtete fast gleichmäßig die fünf Eisenbetten. Die Schwester aber schob den Vorhang ein wenig beiseite: Ungehemmt, mit rücksichtsloser Gewalt brach das grelle, rote Licht hervor. Eines von den mattschwarzen Wandtäfelchen war jetzt voll beschienen; es trug die Nummer 78. Das Bett darunter war zerwühlt und leer. Die Schwester trat hinzu, entfernte die Linnen und glättete die Matratzen.

Die Kinder waren alle verstummt. Sie folgten jeder Bewegung der Schwester mit geblendeten, lichtscheuen Blicken. Sogar die Kleine in der Ecke weinte nicht mehr. Sie saß aufrecht, den Kopf in beide Fäustchen gepresst, und unter der schneeweißen Stirnbinde glühten ihre Augen, groß, wie eine einzige dunkle Frage.

Die Wärterin warf ihr die Puppe, die sie im verlassenen Lager gefunden, in den Schoß. Das Kind zuckte nur leicht zusammen und rührte das Spielzeug nicht an. Als starrte es in eine grelle vernichtende Flamme, sprühte in seinen Fieberaugen ein unsteter, flackernder Widerschein auf. Und in unbestimmtem Bangen verkroch sich das Kind, das das Bett mit ihm teilte, unter die Decke.

Da wandte sich die Kleine beim Fenster, und ihre Stimme war wie ein Sonntagslied:

»Ist die Betty jetzt ein Engel?«

Die Schwester nickte und lächelte und breitete mit ihren weißen Händen die hellblaue Hülldecke über das leere Bett.

Der Tod ist ein Nummerwechsel. – Die kleine Elisabeth lag jetzt drunten in der Kammer, deren weiße Außenwände sie oft vom Fenster aus gesehen hatte. Sie war kleiner geworden und brauchte mit ihren abgefrorenen Füßchen wenig Raum in dem schlichten Holzbett, an dem schon die neue Nummer angeheftet war. Die Nummer der Grube da draußen. Die war schon bereit; aber sie gähnte nicht schwarz wie der Rachen eines Untiers. Die hereinbrechende Nacht begann ein schimmerweißes Schneelinnen hineinzuweben, so dass der Platz nett und verlockend aussah wie das Bettchen reicher Kinder. Und die kleine Betty in der stillen Kammer lag so ruhig und getrost da, als wüsste sie das. Die wachsweißen Händchen hielten, wie spielend, ein kleines Holzkreuz, das Haar sonnte wie ein Heiligenschein aus der Spitzenwolke des Sterbekissens, und um die dünnen, blassen Lippen blühte ein wehmütiges Lächeln; so schlingt sich ein Kranz Immortellen um ein vergilbtes Gebetbuchblatt.

Lächelte sie, weil sie schon die liebe Mutter gesehen hatte, die sie nun seit vier Jahren beim lieben Gott erwartete? War die kleine Seele schon auf jungen, schimmerweißen

Falterflügeln durch die grauen Nebel, an lauter lächelnden Sternen vorbei, in die ewige Heimat geflogen? Flatterte sie schon über die weite Milchstraße, wo so viele fleißige Engel sitzen, die immer neue Sterne blasen, wie die Kinder auf Erden Seifenkugeln? War sie leicht gar schon nahe beim lieben Gott, der einen großen, silbernen Bart haben musste und eine große, leuchtende Krone?

Dorthin dürfen doch reine Seelen?

Und Narben gehen ja nicht durch bis auf die Seele, – nicht wahr?

Sie kriechen nur über das kleine tote Körperchen wie rote, giftige Raupen. – Und wenn der liebe Gott befiehlt, dass die kleine Elisabeth mit diesem Körperchen angetan vor ihm erscheinen sollte, so werden die Wunden daran sicher schon heil sein, und man wird selbst im Himmel, wo es doch sehr hell ist, nicht einmal einen roten Strich mehr sehen.

Und das ist gut; denn der liebe Gott und die gute Mutter – sie sollen nicht wissen, dass die Stiefmutter die kleine Betty blutig geschlagen hat. Und, dass sie's nie erfahren, das betete wohl die Kleine mit den blassen, gefalteten Händchen und den stillen, toten Lippen in der dunklen Leichenkammer.

Seliger Weihnachtstag, da die Kleinen mit vor Ungeduld trippelnden Beinchen und leuchtenden Augen an der verschlossenen Türe lauschen, hinter der sich helle, duftende Wunder vorbereiten, mit wichtiger Miene der Mutter zusehen, die den Festtagsfisch schmort für das Abendessen, und, alte Lieder auf den frischen Lippen, zum Großmütterchen, das im hohen Ohrenstuhl am plaudernden Feuer träumt, hüpfen und ihm die sanften, faltigen Hände küssen. Und dann kommt wohl auch der Vater heim und bringt, Schneeperlen im Barte, ein tüchtig Stück Winter mit und erzählt vom Christkind, das ihm auf verwehten Wegen begegnet ist, und dass es Haare wie eitel Gold hat und die Hände voll bunter, prächtiger Dinge. – Und draußen heult der Sturm, und ein Schlitten klingt irgendwo, und alles ist so geheimnisvoll und so groß und so feierlich, dass man es nie mehr vergessen kann – ein ganzes Leben nicht.

Und die kleine Elisabeth hatte es auch nicht vergessen, dass es einmal so war, als Mutter noch lebte und die fremde Frau mit dem roten Gesichte noch nicht mit am Tische aß. Und sie hockte fröstelnd am Herde, in dem ein wildes, ungastliches Feuer loderte.

Ihre Sehnsucht nach der Mutter war auf einmal gar groß. Und als die dicke Frau sie mit Schlägen aus der Küche trieb, da verkroch sie sich wie ein misshandelter Hund in den letzten Winkel unter dem Dache und weinte dort leise in sich hinein. Und es war, als löste sich alles Schwere, Dunkle in ihr in diesen lautlosen Tränen. Sie wusste endlich nur, dass es heute wieder Weihnachten war, und dass alle guten Kinder fröhlich sein müssen, weil das Christkind durch die Welt geht.

Der Vater fand sie dort, strich ihr mit zitternden Fingern durchs Haar und schenkte ihr ein paar Kreuzer – einen ganzen Reichtum für das Kind. Und Betty hüpfte empor und schlang mit lachenden, klaren Augen beide Arme fest um Vaters Hals.

Das war wie ein Abschied.

Zwei Stunden später trippelte die Kleine, Vaters Kreuzer in der rechten Faust, durch die Gassen des Städtchens. Der

Weihnachtstag war weiß und windstill, und der körnige Schnee verbrämte, wie weißes Pelzwerk, die dünnen Schuhe des Kindes. Es lief waldwärts. Bei den letzten Häusern traf es eine kleine Gespielin. Die verstellte ihr den Weg und sagte in überlegenem Tone: »Glaubst du, das Christkind kommt auch zu dir?«

Betty schlug die großen, blauen Augen auf und antwortete mit inniger Überzeugung: »Das Christkind kommt zu allen braven Kindern.«

Und die Mittagsglocken klangen groß und ernst in den frostroten Weihnachtstag, als sagten sie ein ›Amen‹ dazu.

Beim letzten Krämer kaufte Elisabeth um ihre Kreuzer ein paar Kerzchen, eine bunte, lange Flitterkette, Zündhölzchen und ein riesiges Herz aus Lebkuchen. Mit diesen Schätzen beladen lief sie weiter in den Wald, wo ihr schon keine Menschen mehr begegneten, als die, die wegabseits dürres Reisig suchten; und die sahen vergrämt und erfroren aus und achteten nicht des Kindes.

Es gibt eine Stelle im Walde, wo der Abend, der sein Gold, ängstlich wie ein Geizhals, hinter den nächsten Berg trägt, zögernd verweilt, als könnte er sich kaum trennen von der schönen Erde. Dort stehen langstielige weiße Blüten, und die wiegen dann ihre Pracht im veratmenden Winde, wie Kinder, die dem scheidenden Vater ihre Tücher nachschwenken. So – sommers. Allein auch mitten im Winter, da der frühmüde Abend die roten Sohlen durch den schimmernden Schnee schleift, rastet er dort und küsst mit letzter Glut die alte, auf verwitterter Steinsäule wohnende Wegmadonna, die ihm in einsamer Wehmut nachlächelt.

Das war der kleinen Elisabeth liebster Platz. Dorthin war sie oft geflüchtet, brennende Schläge auf dem Rücken, und hatte der vergessenen Himmelskönigin ihr Leid erzählt wie einer Mutter. Und ihr war oft gewesen, als trüge das Steinbild die Züge des toten Mütterchens. Und nun hatte sie die Stelle noch viel lieber. Solang es Blumen gab, verging kein Tag, ohne dass das Kind den rostigen Nagel am Sockel mit frischem Schmuck verdeckte; und, traun, wenn jeder Altar im Lande nur einen solchen Beter fände, Gott müsste der Welt näher kommen!

Auch an diesem Weihnachtsabend ging die Kleine den gewohnten Weg und schleppte den Tand, den sie eingekauft hatte, mit sich. Ein stiller Plan machte ihre Augen glänzen und ihre Füßchen eilen. Sie warf der Steinmadonna einen neckisch-ehrfurchtsvollen Blick zu, der besagen sollte: Gelt, ich bin brav? Heut hast du mich nicht erwartet.

Dann ging sie ohne Zagen ans Werk.

Jenseits des Pfades, an dem die Betsäule stand, begann ein junges Tannengehölz. Das kleine Mädchen wählte einen der vordersten Bäume, dessen Spitze es mit ausgestrecktem Arm eben noch erreichen konnte, und spannte die bunte Papierkette um die waagrechten Zweige, auf denen schon fester Schnee wie glitzernder Demantschmuck prangte. Dann tropfte es die Kerzchen an den Ast-Enden fest, und zugleich mit dem ersten Stern der Heilsnacht gingen die Lichter an dem einsamen Weihnachtsbaum auf.

Das war nun wirklich eine große Pracht. Um die rotschwelenden Kerzchen herum schmolz der Schnee, und das glitzerte und blitzte, dass es eine Freude war. Klein-Elisabeth sagte zuerst ein frommes Sprüchlein vor der Muttergottes her und rief, auf das strahlende Bäumchen weisend: »Freut's dich?« Dann biss sie gar herzhaft in das Lebkuchenherz und stand mit vollen Backen so nah vor dem leuchtenden Tannenbaum, dass der Widerschein des Glanzes in ihren reinen Augen funkelte.

Der ganze, weite Wald schien das Christfest mitzufeiern. Die hohen, schwarzen Tannen standen weit im Umkreis wie ehrfurchtsvolle Beter und staunten das just noch so unbedeutende Bäumchen an, wie Menschen ein Wunderkind betrachten. Die fernen Sterne sogar schienen sich über der Stelle zusammenzudrängen, um ja nichts von dem Schauspiel zu verlieren und dem lieben Gott und den Engeln und der guten Mutter der kleinen Elisabeth erzählen zu können, was für ein braves Kind sie wäre.

Auf den dämmerigen Waldwegen aber kamen große schwarze Vögel in neugierigen Sprüngen näher. Die könnten auch Hunger haben, dachte das Kind; Betty verspürte keine Furcht, und so teilte sie das mächtige Kuchenherz mit den gierigen Gästen. Ihr ward so froh und so selig, dass sie hätte singen mögen, wenn sie nur ein recht schönes, würdiges Lied gewusst hätte.

Die Kerzen waren schon ziemlich tief gebrannt; da setzte sich die Kleine zu Füßen des Heiligenbildes hin mit glücklichen Augen und frostblauen Händchen. Aber vom Frieren fühlte sie nichts. Es war so wunderstill um sie, und wenn sie die Augen schloss, so sah sie sich auf dem Schoß der teuren Mutter sitzen in warmer, traulicher Stube. Die Uhr tickte in gemessenem, behäbigem Takte, und der Wind schraubte sich in den prasselnden Kamin. Die Mutter strich ihr leise und zärtlich über den Scheitel und küsste sie mit roten, weichen Lippen mitten auf die Stirn. Und sie war schön, die Mutter, schön, wie die Fee im Märchen von Andersen, und trug eine seltsame Krone im reichen, flutenden Haar.

Und sie anschauen – war gut ...

So kam es, dass die kleine, arme Elisabeth ein schöneres Christfest hatte als die reichen, satten Kinder in den schimmernden Stuben.

Sie war sehr glücklich. Und dieses Glück leuchtete auf dem kleinen Gesichte, wie sie so zu Füßen der Madonnensäule schlief. Die Händchen waren fest und treu gefaltet, und vom Steinbild floss ein schwarzer Schatten über das lächelnde Kind, als hätte die gnädige Himmelsfrau einen schützenden Schleier darüber gebreitet.

Das Bäumchen strahlte noch einmal hell auf in mählich verlöschender Pracht, und es hub ein Schneien an, langsam und feierlich, als schwebten alle Sterne zur Erde nieder.

Zwei Waisenkinder gingen an diesem Weihnachtsabend spät aus der Stadt dorfwärts durch den Wald. Und sie erzählten dem Pfarrer im Dorfe atemlos, mit glänzenden Augen:

»Wir haben das Christkind gesehen – mitten im Wald. Es lag neben einem herrlich leuchtenden Bäumchen und ruhte aus. Und es war schön, das Christkind, – so schön ...«

3

Es sind bescheidene Verse, die Theodor Fontane in drei Strophen reimt. Sie erwähnen Knecht Ruprecht und sein Schlittenglöcklein, Mythisches, das damals noch nicht alt war, aber auch den Stern, der so sehr zum biblischen Weihnachtsgeschehen gehört.

THEODOR FONTANE

Verse zum Advent

Noch ist Herbst nicht ganz entflohn,
Aber als Knecht Ruprecht schon
Kommt der Winter hergeschritten,
Und alsbald aus Schnees Mitten
Klingt des Schlittenglöckleins Ton.

Und was jüngst noch, fern und nah,
Bunt auf uns herniedersah,
Weiß sind Türme, Dächer, Zweige,
Und das Jahr geht auf die Neige,
Und das schönste Fest ist da.

Tag du der Geburt des Herrn,
Heute bist du uns noch fern,
Aber Tannen, Engel, Fahnen
Lassen uns den Tag schon ahnen,
Und wir sehen schon den Stern.

4

Wilhelm Raabes Roman Der Hungerpastor *enthält die Geschichte des Johannes Unwirrsch, der es vom Schusterjungen zum Dorfpfarrer bringt. Sein Vorbild wird der bescheidene und hilfsbereite Pfarrer Josias Tille. Am Abend vor seiner Verlobung sitzt Unwirrsch in der Kirche und hört Tilles Weihnachtspredigt, die ihm den rechten Weg weist.*

WILHELM RAABE

Weihnachtspredigt des Josias Tille

aus dem Roman *Der Hungerpastor*

Wohl hundert Lichter erhellten die kleine Kirche; niemand hatte sein Lämpchen beim Eintritt ausgeblasen, und wunderbar feierlich erschien die Versammlung dieser Gemeinde am Ufer der See.

Auf einer der vordersten Bänke dicht vor dem Altar und der Kanzel saß der Kandidat Unwirrsch neben seiner Braut und dem Obersten von Bullau nieder und sang im rauen Chor der Fischer das alte Weihnachtslied mit bis zum Ende; bis unter den letzten Klängen der Orgel und des Gesanges Ehrn Josias Tillenius auf seine Kanzel trat, um seine Weihnachtspredigt zu halten; bis alle die von der Sonne gebräunten, vom Sturm und Wetter zerbissenen Gesichter der Männer, bis alle die ernsten Gesichter der Frauen, bis alle Kinderaugen sich zu dem alten, treuen Berater und Tröster emporhoben. Und keiner der berühmten und beliebten Redner, die Hans in der großen Stadt gehört hatte, keiner der berühmten Professoren, die ihm auf der Universität so viele gute Lehren gaben, hätte eine trefflichere Rede halten können als der Greis von der Hungerpfarre zu Grunzenow, der sich in der Bibliothek seiner Vorgänger nicht zurechtfinden konnte und dem die moderne Wissenschaft der Theologie ein Buch mit sieben Siegeln geblieben war.

Mit jenem Gruß der Engel, über welchen kein anderer in der Welt geht, grüßte er seine Gemeinde: »Ehre sei Gott in der Höhe und Friede auf Erden und den Menschen ein Wohlgefallen!« Dann wünschte er allen Glück zu dem hohen Feste, den Jungen wie den Alten, den Greisen wie den Kindern; und er hatte recht, als er einst zu Hans Unwirrsch sagte, dass es ein seltsam Ding sei, wenn einem Pastor das Meer in seine Worte klinge. Er sprach von dem Guten und Bösen, was geschehen sei, seit man vor einem Jahre diesen Tag feierte; er sprach von dem, was werden könne bis zu dem nächsten Weihnachtsglockenklang. Er hatte ein Wort für die Trauernden und für die, welchen Freude gegeben worden war. Seine Vergleiche konnte er nicht wie seine Amtsbrüder weiter im Lande, die jetzt auch auf ihren Kanzeln standen, der Arbeit des Ackermanns entnehmen; er konnte nicht sprechen vom Säen, Blühen, Fruchtbringen und Verwelken – das Meer rauschte in seine Worte.

Er sprach von den Angehörigen seiner Gemeinde, die jetzt in der Fremde schifften, von denen man nicht wusste, ob sie lebten oder ob sie tot seien: die Erde vom Nordpol bis zum Südpol musste Raum finden in seiner Predigt. Er sprach von den Verschollenen, deren Platz am Herde seit Jahren leer war, nannte zwei weinende Mütter bei ihren Namen und tröstete sie mit der Verheißung, dass niemand, niemand verlorengehen könne, so weit die Welt auch sei, da geschrieben stehe, dass Gott die Meere in der hohlen

Hand halte. Er sprach von dem großen Weihnachtsbaum der Ewigkeit, unter welchem einst alle, alle versammelt sein würden.

Hans Unwirrsch dachte an die Hungerpredigten, welche er in der Grinsegasse hatte schreiben wollen, um durch ihren Druck einen Namen zu erwerben und Tausende dadurch zu rühren und zu erheben. Er ließ das Haupt sinken vor der Rede dieses Greises, die gewiss nicht druckfähig war und doch den Hörern bis ins tiefste Herz drang. Das Fränzchen weinte ihm zur Seite, der Oberst von Bullau räusperte sich von Zeit zu Zeit sehr vernehmlich und murrte in den grauen Bart; das Volk der Fischer seufzte und schluchzte; – der Kandidat Unwirrsch hatte keine Zeit, die Erinnerung an sein Manuskript und die Grinsegasse weiterzuverfolgen.

Ehrn Josias Tillenius war an den Weihnachtsbaum jeder Hütte seines Dorfes getreten; nun stand er plötzlich im Schatten des Baumes der Weltgeschichte, durch dessen Gezweig der Stern der Verkündigung auf die Krippe zu Bethlehem niederleuchtete. In einfach-ergreifender Art erzählte er seiner Gemeinde, wie es aussah auf Erden, als die Engel ihren Gruß vom Himmel niederbrachten. Von der Stadt Rom erzählte er und von dem römischen Kaiser Augustus, von den stolzen Tempeln, den stolzen Weisen, Kriegern und Poeten. Er sprach, davon, wie die Sonne, der Mond und alle Gestirne damals so segensreich ihren Weg gingen als wie heute, wie die Erde ihre Früchte trug, wie das Meer seine Schätze ebenso gutwillig hergab als jetzt. Er erzählte, wie die Menschen sich damals wie jetzt in ihrer Zeit eingerichtet hatten: wie Zoll gefordert und gegeben wurde, wie die Seen und Flüsse und das Meer voll Schiffe wie die Landstraßen voll Wanderer und die Märkte voll Kaufleute waren. Er berichtete, wie die Schätze der Nationen wie heute hin und her getragen wurden, und dann – dann sprach er von dem großen *Hunger der Welt*.

Die schönen Götterbilder in den herrlichen Tempeln waren Masken, die kein Leben hatten. Die Priester, welche ihnen dienten, spotteten ihrer und des Volkes, das vor ihnen kniete; die Weisen und Klugen aber schämten sich der Götter und der Priester. Die Welt war zu einem Durcheinander geworden, in dem es keinen Halt mehr gab. Frieden fand der Mensch weder in seinem Herzen noch in seinem Hause, noch draußen auf dem Markte. In dem römischen Kaiserreich hatte die Menschheit sich an sich selber verloren, sie lag in Ketten unter dem Purpurmantel, der ihre blutenden, zerschlagenen Glieder deckte; der Himmel war dunkel über ihr, und das Licht, das von ihrem goldenen Diadem ausging, war nur das fahle Leuchten in der Nacht des Todes. Trotz aller Pracht und Bewegung des Lebens war die Erde wüst und leer geworden wie vor dem Erschaffungswort. Ehrn Josias Tillenius sagte das in Worten, die seine Gemeinde verstand. Es wagte niemand, sich zu regen; man hörte nur das schnellere Atmen der Zuhörer, und als der fast hundertjährigen Urgroßmutter Margarete Jörensen, die allein schlummerte in der Versammlung und nach einem früheren Gebot des Predigers unter keiner Bedingung geweckt werden durfte, das große Gesangbuch vom Schoß rutschte und zu Boden fiel, ging es wie ein jäher Schrecken durch jedes Herz, und die abgehärtetsten Seeleute fuhren zusammen.

»Ehre sei Gott in der Höhe und Friede auf Erden und den Menschen ein Wohlgefallen!« Es war, als ob das Wort den

Bann, der auf dem Volk von Grunzenow lag, löste, wie einst die Fesseln der ganzen Menschheit.

Über der Hütte zu Bethlehem stand der Stern der Erlösung; der Heiland war in die Welt des Hungers geboren worden; der Schmerzenssohn der Menschheit, der Sohn Gottes, der die Sünde seiner Mutter auf sich nehmen sollte, war erschienen; und vom Felde kamen die armen Hirten, denen die Könige und Weisen erst später folgten, hergelaufen, um das Kind in der Krippe zu begrüßen, dieses Kind, das nun noch mit in die Register der Bevölkerung des römischen Reiches, die der Kaiser Augustus anfertigen ließ, aufgenommen werden konnte. Nun war die Zeit erfüllt und das Reich Gottes erschienen. Die hungrige Menschheit aber reckte die Hände auf nach dem »Brot, das vom Himmel kommt und der Welt das Leben gibt«. Der Himmel, der so finster und leer gewesen war, öffnete sich über den Kindern der Erde: alle Völker sahen das große Licht – die Menschheit riss die Krone von dem gedemütigten Haupt und warf den Purpurmantel von den Schultern. Sie schämte sich ihrer blutenden Wunden, ihrer gefesselten, zerschlagenen Glieder nicht mehr – sie kniete und horchte. *Wahrheit*, jauchzte es vom Aufgang; *Freiheit*, jauchzte es vom Niedergang; – *Liebe!*, sangen die Engel um die Hütte, in welcher die Erbtochter des Stammes David und Joseph, der Zimmermann von Nazareth, den Hirten das Kind zeigten, das in der Nacht geboren worden war. Ehrn Josias Tillenius aber zeigte es jetzt den Kindern seines Dorfes; denn das Weihnachtsfest ist das Fest des Kindes, welchem die erhabenen Ostern fremd bleiben, bis es über den ersten wahren Schmerz nachdenken musste. In die Weihnachtsworte aber, die der alte Prediger zu den Kindern sprach, dämmerte der neue Tag. Es wurde Dämmerung vor den Fenstern der kleinen Kirche, und das Licht der Lampen und Wachskerzen erbleichte vor dem rosigen Schimmer, der den Winterhimmel überzog. Wieder erklang die Orgel, die Gemeinde von Grunzenow sang den Schlussvers des Weihnachtsliedes, die Kirche war zu Ende.

5

Hermann Hesse war das Kind von Indienmissionaren, wurde reformatorisch erzogen, aber verlor früh seinen Glauben. Das Gedicht aus dem Jahre 1902 zeigt, wie das Weihnachtsfest Erinnerungen an eine Zeit vor der Unruhe der Leidenschaften weckt, die ihm nun als ein »Traum« erscheint.

HERMANN HESSE

Weihnachtsabend

Am dunklen Fenster stand ich lang
Und schaute auf die weiße Stadt
Und horchte auf den Glockenklang,
Bis nun auch er versungen hat.

Nun blickt die stille reine Nacht
Traumhaft im kühlen Winterschein,
Vom bleichen Silbermond bewacht,
In meine Einsamkeit herein.

Weihnacht! – Ein tiefes Heimweh schreit
Aus meiner Brust und denkt mit Gram
An jene ferne, stille Zeit,
Da auch für mich die Weihnacht kam.

Seither voll dunkler Leidenschaft
Lief ich auf Erden kreuz und quer
In ruheloser Wanderschaft
Nach Weisheit, Gold und Glück umher.

Nun rast ich müde und besiegt
An meines letzten Weges Saum,
Und in der blauen Ferne liegt
Heimat und Jugend wie ein Traum.

6

Liselotte von der Pfalz, gebürtige Prinzessin von Hessen, hat als Herzogin von Orléans und damit Schwägerin von Ludwig XIV. in Paris gelebt und von dort aus an ihre Verwandten und Freunde in der alten Heimat geschrieben – die vollständigste Ausgabe umfasst sechs Bände. Der ausgewählte Brief vom 11. Dezember 1708 richtet sich an ihre Tochter und behandelt neben anderen Neuigkeiten das Nikolausfest, dessen heimatliche Bräuche sie in Paris vermisst.

LISELOTTE VON DER PFALZ

Brief an ihre Tochter über das Nikolausfest

11. Dezember 1708

Euern lieben Brief, der heute ankommen müsste, habe ich noch nicht erhalten, meine liebe Tochter, und da er noch nicht da ist, könnte es sein, dass sie ihn zurückhalten nach ihrer üblen Sitte. Ich habe aber auf denjenigen zu antworten, den ich hier vorgefunden habe, als ich aus der Oper zurückkam. Es hatte noch nicht wirklich gefroren an dem Tag, an dem wir hier ankamen; es fing gerade erst zu frieren an.

Natürlich kenne ich den heiligen Nikolaus aus ganz Deutschland, und ich wurde damals von ihm ausgescholten. Ich weiß nicht, ob Ihr einen anderen Brauch kennt, den man auch in Deutschland pflegt und den man das Christkindel nennt. Dafür werden Tische hergerichtet, die geschmückt werden wir Altäre; für jedes Kind einen. Darauf legt man alle möglichen Dinge: neue Kleider, Silberzeug, Geldgeschenke, Seide, Puppen, Zuckerzeug und vieles andere mehr. Man stellt auf diese Gabentische Buchsbäume und an jedem Zweig wird eine kleine Kerze befestigt. Das sieht ganz wunderhübsch aus. Jetzt, da ich Euch davon erzähle, möchte ich das alles zu gerne wiedersehen!

Ich erinnere mich noch an Hannover. Als man dort das letzte Mal das Christkindel zu mir kommen ließ, betraute man Schüler mit dieser Aufgabe. Sie spielten mir sozusagen ein Theater vor. Zuerst kam der Stern herein, dann der Teufel und die Engel, schließlich das Christkind mit dem heiligen Petrus und anderen Aposteln. Der Teufel beschuldigt die Kinder ihrer Fehler, die er aus einer langen Liste vorliest. Darauf sagt das Christkind, dass es gekommen sei, um den Kindern Geschenke zu bringen. Da sie aber so bös sein, wollte es nicht länger bei ihnen bleiben. Der Engel und der heilige Petrus bitten für die Kinder und versprechen, dass diese sich bessern wollen. Daraufhin verzeiht ihnen das Christkind, und der heilige Petrus und der Engel führen die Kinder dorthin, wo die Gabentische gerichtet sind. Wenn da fünf oder sechs solcher Tische stehen, gibt es nichts Schöneres, denn alles ist mit Seidenbändern in allen Farben und Silberschnüren umwunden. Als mich der heilige Petrus, der von einem Schüler mit einem falschen Bart dargestellt wurde, bei er Hand nahm, merkte ich, dass er die Krätze hatte, und so kam ich hinter den Betrug. Wenn man erst weiß, was dahinter steckt, hat man nichts mehr davon. Ich hätte aber sicherlich auch heute noch meine Freude dran.

7

Das Gedicht von Johann Peter Hebel bringt eine besondere Herausforderung an Leserinnen und Leser mit sich: Es gehört zu den Alemannischen Gedichten, *die mit ihrem tiefen süddeutschen Dialekt für Norddeutsche schwer zu verstehen sind. Goethe hatte die Sammlung euphorisch rezensiert, womit ein Gutteil des Erfolgs verbunden ist. Aber das Lesen lohnt sich, erhält man doch einen tiefen Eindruck vom Brauchtum der Region.*

JOHANN PETER HEBEL

Die Mutter am Christabend

Er schloft, er schloft! Do lit er, wie ne Grof!
Du lieben Engel, was i bitt,
bi Lib und Lebe verwach mer nit,
Gott gunnts mi'm Chind im Schlof!

Verwach mer nit, verwach mer nit!
Di Muetter goht mit stillem Tritt,
sie goht mit zartem Muetter-Sinn,
und holt e Baum im Chämmerli d'inn.

Was henki der denn dra?
Ne schöne Lebkueche-Ma,
ne Gitzeli, ne Mummeli
und Blüemli wiiß und roth und gel,
vom allerfinste Zucker-Mehl.

's isch gnueg, du Mutter-Herz!
Viel Süeß macht numme Schmerz,
Gib's sparsem, wie der liebi Gott,
nit all' Tag helset er Zuckerr-Brod.

Iez Rümmechrüsliger her,
die allerschönste, woni ha,
's isch nummen au kei Möseli dra.
Wer het sie schöner, wer?

's isch wohr, es isch e Pracht,
was so en Oepfel lacht;
und isch der Zucker-Beck e Ma,
se mach er so ein, wenn er cha.
Der lieb Gott het en gmacht.

Was hani echt no meh?
Ne Fazenetli wiiß und roth,
und das eis vo de schöne.
O Chind, vor bittre Träne
biwahr di Gott, biwahr di Gott!

Und was isch meh do inn?
ne Büechli, Chind! 's isch au no di,
I leg der schöni Helgli dri?
und schöni Gibetli sin selber drinn.

Iez chönnti, traui, goh;
es fehlt nüt mehr zum Guete –
Potz tausig, no ne Ruethe!
Do isch sie scho, do isch sie scho!

's cha sy, sie freut di nit,
's cha sy, sie haut der 's Vüdeli wund;
doch witt nit anderst, sen ischs der gsund;
's mueß nit sy, wenn d' nit witt.

Und willschs nit anderst ha,
in Gottis Name seig es drum!
Doch Muetter-Lieb isch zart und frumm,
sie windet roti Bendeli dri,
und machte e Letschli dra.

Iez wär er usstaffiert,
und wie ne Mai-Baum ziert,
und wenn bis früeih der Tag verwacht,
het 's Wiehnecht-Chindli Alles gmacht.

De nimmschs und danksch mer's nit;
Drum weisch nit, wer der's git.
Doch machts der numme ne frohe Muet
und schmeckts der numme, sen ischs scho guet.

Bim Bluest, der Wächter rüeft
scho Oelfi! Wie doch d'Zit verrinnt,
und wie me si vertieft,
wenn 's Herz au näumis Nahrig findt!

Iez bhütdi Gott der Her!
En andri Cheri mehr!
Der heilig Christ isch hinecht cho,
het Chindes Fleisch und Bluet ag'no;
Wärsch au so brav, wie er!

8

Rainer Maria Rilke hat immer wieder aus der Ferne seiner jeweiligen Wohnorte zu Weihnachten an seine Mutter in Prag geschrieben. Der Brief aus dem Jahr 1920 spricht von der Hoffnung, dass in Not Gnade helfe, ganz besonders der »unermessliche Trostschatz« der Weihnachtsnacht, die einst Hirten und Könige in ihren Bann zog.

RAINER MARIA RILKE

Weihnachtsbriefe an die Mutter

17. Dezember 1920

Was ich Dir wünsche, liebe Mama, ist, dass an diesem weihevollen Abend das Erinnern aller Not, ja das Bewusstsein der nahen Sorge und Unsicherheit des Daseins ganz aufgehalten und gewissermaßen aufgelöst sein möchte in jenem innersten Wissen um die Gnade, der ja keine Zeit zu dicht im Verhängnis und keine Bangheit so verschlossen ist, dass sie nicht zu i h r e r Zeit – die n i c h t die unsrige ist! – einzutreten und das scheinbar Unüberwindliche mit ihrem milden Sieg zu durchdringen wüsste. Es gibt keinen Moment im langen Jahre, wo man sich ihre immerfort mögliche Erscheinung und dann Allgegenwärtigkeit so lebhaft ins Gemüt zu rufen vermöchte, wie diese über die Jahrhunderte hin unabhängige Winternacht, die durch die unvergleichliche Hinzukunft jenes alle Wesen umwandelnden Kindes die Summe aller übrigen Erdennächte an Wert mit einem Schlag überwog und übertraf. Mag der leichte Sommer, wo das Dasein um ein Beträchtliches erträglicher und mühloser scheint, wo wir nicht so unmittelbarer Anfeindung aus der Luft und aus der heiter beschäftigten Natur uns zu erwehren haben –, mag der glücklichere Sommer uns mit Tröstungen verwöhnen, – was sind sie alle gegen die unermesslichen Trostschätze dieser außen unscheinbaren, ja armen Nacht, die nach innen zu plötzlich offen steht wie ein Alle umfassendes und wärmendes Herz und die wirklich mit Schlägen ihres glockentönigen Herzens antwortet auf unser Hinein-Horchen in den innersten Gewahrsam!

Alle Verkündigungen der Vor-Zeit reichten nicht hin, d i e s e Nacht anzusagen, alle Hymnen, die zu ihrem Preise gesungen worden sind, reichten nicht an die Stille und Spannung heran, in der Hirten und Könige niederknieten –, so wie ja auch wir, keiner von uns, je imstande gewesen ist, während diese Wunder-Nacht ihm geschieht, die Maße seines Erlebens anzugeben.

Es ist so recht das Mysterium von dem knieenden, von dem tief knieenden Menschen: dass er größer sei, seiner geistigen Natur nach, als der stehende! welches in der Nacht gefeiert wird! Der Knieende, der sich ganz ans Knieen gibt, verliert allerdings das Maß seiner Umgebung, selbst aufschauend, wüsste er nicht mehr zu sagen, was groß und was klein ist. Aber ob er gleich in seiner Abgebogenheit kaum die Höhe eines Kindes hat, so ist er, dieser Knieende, doch nicht klein zu nennen. Mit ihm verschiebt sich die Skala, denn er, indem er der eigentümlichen Schwere und Kraft in seinen Knieen folgt, und die Stellung einnimmt, die sich zu ihnen hinbezieht, gehört bereits zu jener Welt, in der Höhe – Tiefe ist, – und wenn schon Höhe unserem Blick und unseren Apparaten un-ermesslich bleibt –: wer ermäße die Tiefe?

Aber lass mich noch eine Weile bei der Vorfreude bleiben. Die habt Ihr mich ja, Du und Papa, in einer unvergleichlichen Weise, gelehrt, mittels der Vorbereitungen und Überraschungen, die bei uns zu diesem Fest gehörten. Was schlug mir das Herz, vom Geburtstag an, über den St. Nikolaus-Tag auf Weihnachten zu, und wie steigerte sich diese seine Erregtheit immer noch mehr, am 21ten, am 22ten, am 23ten, bis am seltsam ausgesparten Nachmittag des 24ten, in seinem nicht mehr zu steigernden Sturm jene Windstille eintrat, die im Menschlichen mit dem Zuviel beginnt, und in deren reine Atemlosigkeit dann die Glocken, die Glockenspiele eindrangen, die dem Aufspringen der Türen zuvorflogen durch die Dämmerung des unvergleichlichen Wintertags. Vielleicht bin ich deshalb, meine liebe Mama, ein solcher Rühmer der Freude geworden (sie dem Glück, auch noch dem, was die Menschen ein großes Glück nennen, unbedenklich vorziehend), weil Ihr mich zu so großer Vorfreude erzogen habt und an diesem einen Tag, in dem so viel Erfüllung geheimnisvoll zusammenkam, meinem Herzen zumutetet, in der Leistung der Vorfreude, ein Maß der Freude anzunehmen, das völlig unaussprechlich war. Die Freude selbst war es dann ja auch: unaussprechlich. Vielleicht schlug in sie etwas Verwirrung hinein, etwas Taumel fiel über sie her, etwas selige Müdigkeit beschlug sie … so dass man in ihr nicht mehr so klar, nicht mehr so rein leistend war, nicht mehr so unbeschränkt aktiv wie in dem engelhaften Wehen der Vor-Freude. Dort ging man, man stieg –, hier, in der Freude, war man über einen äußersten Rand gehalten und meinte nicht anders zeitweise, als zu fallen, weich und tief zu fallen. Denn, wer weiß, vielleicht ist das Leben so unendlich diskret, dass die Freude schon Einbildung ist: Vielleicht ist ja das ganze Irdische, in seiner letzten Zusammenfassung, in der auch noch der größeste Schmerz, als eine Einzelheit, untergeht, nichts als eine einzige Vor-Freude – und die Freude, die uns hier überträfe, wartet anderswo.

9

Annette von Droste-Hülshoff hat ihre literarische Laufbahn mit Gedichten begonnen. Bereits mit 23 Jahren legte sie den Zyklus Das Geistliche Jahr *vor, mit Texten »auf alle Sonn- und Festtage«. In ihrer Familie wurde das Projekt abgelehnt, als unpassend für eine adlige Frau befunden – ein schwerer Schock für die Schriftstellerin. Dabei paraphrasiert das Gedicht mit viel Beiwerk das 2. Kapitel aus dem Lukasevangelium.*

ANNETTE VON DROSTE-HÜLSHOFF

Am Weihnachtstage

Durch alle Straßen wälzt sich das Getümmel,
Maultier, Kamele, Treiber; welch Gebimmel!
Als wolle wieder in die Steppe ziehn
Der Same Jakobs, und Judäas Himmel,
Ein Saphirscheinen über dem Gewimmel,
Lässt blendend seine Funkenströme sprühn.

Verschleiert Frauen durch die Gassen schreiten,
Mühselig vom beladnen Tiere gleiten
Bejahrte Mütterchen; allüberall
Geschrei und Treiben wie vor Jehus Wagen.
Lässt wieder Jezabel ihr Antlitz ragen
Aus jener Säulen luftigem Portal?

's ist Rom, die üppge Priesterin der Götzen,
Die glänzendste und grausamste der Metzen,
Die ihre Sklaven zählt zu dieser Zeit.

Mit einem Griffel, noch vom Blute träufend,
Gräbt sie in Tafeln, Zahl auf Zahlen häufend,
Der Buhlen Namen, so ihr Schwert gefreit.

O Israel, wo ist dein Stolz geblieben,
Hast du die Hände blutig nicht gerieben,
Und deine Träne war sie siedend Blut?
Nein, als zum Marktplatz deine Scharen wallen
Verkaufend, feilschend unter Tempels Hallen;
Mit ihrem Gott zerronnen ist ihr Mut!

Zum trüben Irrwisch ward die Feuersäule,
Der grüne Aaronsstab zum Henkerbeile;
Und grausig übersteint das tote Wort
Liegt, eine Mumie, im heiligen Buche,
Drin sucht der Pharisäer nach dem Fluche,
Ihn donnernd über Freund und Fremdling fort.

So Israel bist du gereift zum Schnitte,
Wie reift die Distel in der Saaten Mitte;
Und wie du stehst in deinem grimmen Hass
Gen über der geschminkt und hohlen Buhle,
Seid gleich ihr vor gerechtem Richterstuhle
Von Blute sie und du von Geifer nass.

O tauet Himmel tauet den Gerechten,
Ihr Wolken regnet ihn den wahr und echten
Messias, den Judäa nicht erharrt,
Den Heiligen und Milden und Gerechten,
Den Friedenskönig unter Hassesknechten,
Gekommen zu erweichen was erstarrt!

Still ist die Nacht; in seinem Zelt geborgen
Der Schriftgelehrte späht mit finstren Sorgen,
Wann Judas mächtiger Tyrann erscheint;
Den Vorhang lüftet er den Vorhang, starrend lange
Dem Sterne nach, der streicht des Äthers Wange
Wie Freudenzähre, die der Himmel weint.

Und fern vom Zelte über einem Stalle
Da ist's, als ob aufs niedre Dach er falle,
In tausend Radien sein Licht er gießt.
Ein Meteor, so dachte der Gelehrte,
Als langsam er zu seinen Büchern kehrte:
O weißt du, wen das niedre Dach umschließt?

In einer Krippe ruht ein neugeboren,
Ein schlummernd Kindlein; wie im Traum verloren
Die Mutter knieet, Weib und Jungfrau doch.
Ein ernster, schlichter Mann rückt tief erschüttert
Das Lager ihnen; seine Rechte zittert
Dem Schleier nahe um den Mantel noch.

Und an der Türe stehn geringe Leute,
Mühselge Hirten, doch die Ersten heute,
Und in den Lüften klingt es süß und lind,
Verlorne Töne von der Engel Liede:
Dem Höchsten Ehr und allen Menschen Friede,
Die eines guten Willens sind!

10

Die Erzählung von E. T. A. Hoffmann bietet die Geschichte der kleinen Marie, der die Mutter erlaubt, am Weihnachtsabend noch länger mit den ihr geschenkten Spielzeugen zu spielen, darunter mit der Figur eines Nussknackers. Aber Marie schläft ein und träumt von den Gestalten, wie man es aus dem Ballett von Peter Tschaikowsky kennt. Hier die Einleitung zu all dem: die Vorfreude der Kinder vor der Öffnung der Zimmertür.

E. T. A. HOFFMANN

Der Weihnachtsabend

aus der Erzählung *Nussknacker und Mausekönig*

Am vierundzwanzigsten Dezember durften die Kinder des Medizinalrats Stahlbaum den ganzen Tag über durchaus nicht in die Mittelstube hinein, viel weniger in das daran stoßende Prunkzimmer. In einem Winkel des Hinterstübchens zusammengekauert, saßen Fritz und Marie, die tiefe Abenddämmerung war eingebrochen und es wurde ihnen recht schaurig zumute, als man, wie es gewöhnlich an dem Tage geschah, kein Licht hereinbrachte. Fritz entdeckte ganz insgeheim wispernd der jüngern Schwester (sie war eben erst sieben Jahr alt worden) wie er schon seit frühmorgens es habe in den verschlossenen Stuben rauschen und rasseln, und leise pochen hören. Auch sei nicht längst ein kleiner dunkler Mann mit einem großen Kasten unter dem Arm über den Flur geschlichen, er wisse aber wohl, dass es niemand anders gewesen als Pate Droßelmeier. Da schlug Marie die kleinen Händchen vor Freude zusammen und rief: »Ach was wird nur Pate Droßelmeier für uns Schönes gemacht haben.« Der Obergerichtsrat Droßelmeier war gar kein hübscher Mann, nur klein und mager, hatte viele Runzeln im Gesicht, statt des rechten Auges ein großes schwarzes Pflaster und auch gar keine Haare, weshalb er eine sehr schöne weiße Perücke trug, die war aber von Glas und ein künstliches Stück Arbeit. Überhaupt war der Pate selbst auch ein sehr künstlicher Mann, der sich sogar auf Uhren verstand und selbst welche machen konnte. Wenn daher eine von den schönen Uhren in Stahlbaums Hause krank war und nicht singen konnte, dann kam Pate Droßelmeier, nahm die Glasperücke ab, zog sein gelbes Röckchen aus, band eine blaue Schürze um und stach mit spitzigen Instrumenten in die Uhr hinein, so dass es der kleinen Marie ordentlich wehe tat, aber es verursachte der Uhr gar keinen Schaden, sondern sie wurde vielmehr wieder lebendig und fing gleich an recht lustig zu schnurren, zu schlagen und zu singen, worüber denn alles große Freude hatte. Immer trug er, wenn er kam, was Hübsches für die Kinder in der Tasche, bald ein Männlein, das die Augen verdrehte und Komplimente machte, welches komisch anzusehen war, bald eine Dose, aus der ein Vögelchen heraushüpfte, bald was anderes. Aber zu Weihnachten, da hatte er immer ein schönes künstliches Werk verfertigt, das ihm viel Mühe gekostet, weshalb es auch, nachdem es einbeschert worden, sehr sorglich von den Eltern aufbewahrt wurde. – »Ach, was wird nur Pate Droßelmeier für uns Schönes gemacht haben«, rief nun Marie; Fritz meinte aber, es könne wohl diesmal nichts anders sein, als eine Festung, in der allerlei sehr hübsche Soldaten auf- und abmarschierten und exerzierten, und dann müssten andere Soldaten kommen, die in die Festung hineinwollten, aber nun schössen die Soldaten von innen tapfer heraus mit Kanonen, dass es tüchtig brauste und knallte. »Nein, nein«, unterbrach Marie den Fritz, »Pate Droßelmeier hat mir von einem schönen Garten erzählt, darin ist ein großer See, auf dem schwimmen sehr herrliche Schwäne mit goldnen Halsbändern herum und singen die hübschesten Lieder. Dann kommt ein kleines Mädchen aus dem Garten an den See und lockt die Schwäne heran und füttert sie mit süßem Marzipan.« »Schwäne fressen keinen Marzipan«, fiel Fritz etwas rau ein, »und einen ganzen Garten kann Pate Droßelmeier auch nicht machen. Eigentlich haben wir wenig von seinen Spielsachen; es wird uns ja alles gleich wieder weggenommen, da ist mir denn doch das viel lieber, was uns Papa und Mama einbescheren, wir behalten es fein und können damit machen, was wir wollen.« Nun rieten die Kinder hin und her, was es wohl diesmal wieder geben könne. Marie meinte, dass Mamsell Trutchen (ihre große Puppe) sich sehr verändere, denn ungeschickter als jemals fiele sie jeden Augenblick auf den Fußboden, welches ohne garstige Zeichen im Gesicht nicht abginge, und dann sei an Reinlichkeit in der Kleidung gar nicht mehr zu denken. Alles tüchtige Ausschelten helfe nichts. Auch habe Mama gelächelt, als sie sich über Gretchens kleinen Sonnenschirm so gefreut. Fritz versicherte dagegen, ein tüchtiger Fuchs fehle seinem Marstall durchaus, so wie seinen Truppen gänzlich an Kavallerie, das sei dem Papa recht gut bekannt. – So wussten die Kinder wohl, dass die Eltern ihnen allerlei schöne Gaben eingekauft hatten, die sie nun aufstellten, es war ihnen aber auch gewiss, dass dabei der liebe Heilige Christ mit gar freundlichen frommen Kindesaugen hineinleuchte und dass wie von segensreicher Hand berührt, jede Weihnachtsgabe herrliche Lust bereite wie keine andere. Daran erinnerte die Kinder, die immerfort von den zu erwartenden Geschenken wisperten, ihre ältere Schwester Luise hinzufügend, dass es nun aber auch der Heilige Christ sei, der durch die Hand der lieben Eltern den Kindern immer das beschere, was ihnen wahre Freude und Lust bereiten könne, das wisse er viel besser als die Kinder selbst, die müssten daher nicht allerlei wünschen und hoffen, sondern still und fromm erwarten, was ihnen beschert worden. Die kleine Marie wurde ganz nachdenklich, aber Fritz murmelte vor sich hin: »Einen Fuchs und Husaren hätt' ich nun einmal gern.«

Es war ganz finster geworden. Fritz und Marie, fest aneinandergerückt, wagten kein Wort mehr zu reden, es war ihnen als rausche es mit linden Flügeln um sie her und als ließe sich eine ganz ferne, aber sehr herrliche Musik vernehmen. Ein heller Schein streifte an der Wand hin, da wussten die Kinder, dass nun das Christkind auf glänzenden Wolken fortgeflogen zu andern glücklichen Kindern. In dem Augenblick ging es mit silberhellem Ton: Klingling, klingling, die Türen sprangen auf, und solch ein Glanz strahlte aus dem großen Zimmer hinein, dass die Kinder mit lautem Ausruf: »Ach! – Ach!« wie erstarrt auf der Schwelle stehen blieben. Aber Papa und Mama traten in die Türe, fassten die Kinder bei der Hand und sprachen: »Kommt doch nur, kommt doch nur, ihr lieben Kinder und seht, was euch der Heilige Christ beschert hat.«

11

Joseph Freiherr von Eichendorffs Verse stammen aus den sehr zahlreichen Geistlichen Gedichten, *die sich mit Gebeten, religiösen Handlungen und Festen befassen (darunter auch die* Mondnacht, *die dank Robert Schumanns Vertonung bekannt wurde).* Weihnachten *entstand in Eichendorffs hohem Erwachsenenalter, wohl zwischen 1831 und 1836, und gilt mit der Beschreibung der »gnadenreichen Zeit« als eines der stimmungsvollsten Weihnachtsgedichte überhaupt.*

JOSEPH VON EICHENDORFF

Weihnachten

Markt und Straßen stehn verlassen,
Still erleuchtet jedes Haus,
Sinnend geh ich durch die Gassen,
Alles sieht so festlich aus.

An den Fenstern haben Frauen
Buntes Spielzeug fromm geschmückt,
Tausend Kindlein stehn und schauen,
Sind so wunderstill beglückt.

Und ich wandre aus den Mauern
Bis hinaus ins freie Feld,
Hehres Glänzen, heilges Schauern!
Wie so weit und still die Welt!

Sterne hoch die Kreise schlingen,
Aus des Schnees Einsamkeit
Steigts wie wunderbares Singen –
O du gnadenreiche Zeit!

12

Vom bayerischen Urgestein Ludwig Thoma stammt die humorvolle Erzählung Der Christabend *mit dem Versuch eines Vaters, ausgerechnet an diesem Tag seine drei Töchter zu verloben, was dann einigermaßen schiefgeht ...*

LUDWIG THOMA

Der Christabend

Eine Familiengeschichte

Bei Oberstaatsanwalt Saltenberger hatten sie drei Töchter, Emerentia, Rosalie und Marie.

Alle im höchsten Grade fähig und entschlossen, dem ledigen Stande zu entsagen.

Das herannahende Weihnachtsfest brachte die geliebten Eltern auf den Gedanken, dass sie ihre Kinder am besten mit Männern bescheren würden, und sie überlegten lange, wie dieses zu ermöglichen wäre.

Mama Saltenberger meinte, ihr Mann sollte seine hervorragende Beamtenstellung in die Waagschale werfen und jüngere Kollegen durch die Macht seines Ansehens an ihre staatsbürgerlichen Pflichten erinnern. Saltenberger war nicht prinzipiell abgeneigt, aber er betonte, dass dieser Einfluss nur in ganz familiären Grenzen ausgeübt werden dürfe, und dass man in der Wahl der Objekte sehr vorsichtig sein müsse.

In geheimer Beratung wurde zur engeren Wahl der zukünftigen Familienmitglieder geschritten.

Beide Eheleute einigten sich zunächst auf Karl Mollwinkler, zweiter Staatsanwalt. Er war ziemlich abgelebt, und sein kränklicher Zustand ließ hoffen, dass er sich nach der Pflege einer geliebten Frau sehne.

Als Zweiter ging Sebald Schneidler, königlicher Landgerichtssekretär, durch.

Nicht ohne Widerspruch. Frau Saltenberger fand die Stellung denn doch etwas subaltern. Ihr Mann hatte Mühe, sie zu überzeugen, dass die gegenwärtige Zeitrichtung die Standesunterschiede einigermaßen nivelliert habe, und dass speziell in Heiratsfragen eine zu strenge Auffassung von Übel sei.

Schließlich kam man dahin überein, dass Schneidler sich in Anbetracht seiner sozialen Verhältnisse mit der ältesten Tochter, der 34-jährigen Emerentia, zu begnügen habe.

Die Aufstellung des dritten Kandidaten bereitete Schwierigkeiten.

Unter den Juristen fand sich trotz sorgfältigster Prüfung keiner mehr, der des Vertrauens würdig gewesen wäre.

Man musste wohl oder übel in eine andere Sparte hinübergreifen.

Aber auch da zeigten sich überall unüberwindliche Schwierigkeiten, und schon wollte der Oberstaatsanwalt an der gestellten Aufgabe verzweifeln, als im letzten Moment Frau Saltenberger den rettenden Gedanken fasste.

»Weißt du was, Andreas«, sagte sie, »wir nehmen einfach einen von der Post. Da sind die meisten Chancen, denn fast alle Verlobungen, welche man an Weihnachten in der Zeitung liest, gehen von Postadjunkten aus.«

Dieses leuchtete ihrem Manne ein, und er gab seine Zustimmung zur Wahl des Postadjunkten Jakob Geiger. Somit war die Sache gediehen; es galt nunmehr, die zur

Bescherung Vorgemerkten unter die drei Töchter zu verteilen.

Und das war das Schwierigste.

Der Friede wich aus dem Hause des Oberstaatsanwalts Saltenberger.

Emerentia brach in Tränen aus, als die Eltern von dem Plane sprachen; sie sei immer das Stiefkind gewesen, die anderen Fratzen habe man verhätschelt und verzogen, nur sie sei misshandelt worden und jetzt solle sie sich mit einem Sekretär begnügen.

Vielleicht müsse sie noch Komplimente machen vor dem ekelhaften Ding, der Rosalie, die man natürlich zur Frau Staatsanwalt nehme, obwohl sie die Dümmste von allen sei. Aber nein! nein! und nein! Da kenne man sie schlecht. Sie lasse nicht auf sich herumtrampeln, und lieber verhindere sie den Plan, so dass gar keine einen Mann erwische, als dass sie sich mit dem Affen von einem Sekretär abfinden lasse.

Ihr Widerstand war leidenschaftlich, aber nicht schlimmer als derjenige von Marie, welcher man den Postadjunkten zugedacht hatte. Sie war die Jüngste und durfte billig annehmen, dass sie auf dem Heiratsmarkte die besten Preise erzielen könne. Allerdings schielte sie, aber sie sagte sich, dass ein verständiger Mann solche Kleinigkeiten nicht beachte. Zudem, lieber schielen, als einen Kropf haben, wie Emerentia oder schlechte Zähne, wie Rosalie.

Papa Saltenberger hatte böse Tage; während er auf dem Büro weilte, sammelte sich daheim eine unglaubliche Menge Sprengstoff an, welcher regelmäßig beim Mittagstisch explodierte.

So ging das nicht. Die Eltern beschlossen, die drei Herren als Ganzes zu bescheren und die Wahl den Kindern zu überlassen.

Auf diese Weise hatten wenigstens sie Ruhe gefunden, wenngleich der Krieg unter den Schwestern fortdauerte. Emerentia stickte in heimlicher Abgeschlossenheit an einem Paar Pantoffeln, und bei jedem Stich wurde sie fester entschlossen, dieselben nur dem zweiten Staatsanwalt Mollwinkler zum Zeichen ihrer Liebe an die Füße zu stecken.

Rosalie häkelte einen Tabakbeutel, Marie strickte wollene Handschuhe.

Und jede wusste, wem sie die Gabe weihen würde. Alle drei zogen die Mutter ins Vertrauen, und da Frau Saltenberger einen gutmütigen Charakter hatte, sagte sie zu jeder verstohlen: »Kindchen, Kindchen, ich seh dich noch als Frau Staatsanwalt.«

Und jede war glücklich darüber. Erstens überhaupt, und dann, weil die zwei anderen Maulaffen vor Neid bersten würden.

So kam allmählich das heilige Weihnachtsfest heran mit seinem unvergesslichen Zauber für die Familie, jener Tag, an welchem die Junggesellen so ganz besonders Sehnsucht empfinden nach einem schöneren Lose, nach einer liebenden Gattin und nach Kindern, welche mit ihren Spielzeugen um den Christbaum tanzen.

O, welche Gefühle warteten in dem Hause des Oberstaatsanwalts Andreas Saltenberger!

Das war ein Raunen und Flüstern, ein geheimnisvolles Weben, ein Hin und Her, von einem Zimmer in das andere, bis endlich um sieben Uhr Vater, Mutter und die drei Töchter sich im Salon versammelten, festlich geschmückt und sehr erwartungsvoll.

Jede der Schwestern erregte durch ihr reizendes Aussehen die Freude der Eltern und das verächtliche Mitleid der beiden anderen.

Es läutete. Das Dienstmädchen eilte zur Türe, im Salon hielten fünf Menschen den Atem an. Wer kam? Eine tiefe Stimme, unverständlich, dann schlurfte das Mädchen zurück und übergab dem hastig öffnenden Papa einen Brief. Aufreißen und lesen. Sekretär Schneidler sagt mit bestem Dank ab, da er heimreise. Die drei Schwestern atmeten auf. Auf diesen Menschen hatte keine reflektiert. Es läutete wieder. Das Dienstmädchen überbrachte einen zweiten Brief.

Die Absage des Herrn Staatsanwalts Mollwinkler wegen Unwohlseins.

Drei Lebenshoffnungen waren vernichtet; der Vater blickte die Mutter an, die Schwestern bissen sich auf die Lippen, und ihr Schmerz wäre unerträglich gewesen, wenn sich nicht ein klein wenig Freude an der Enttäuschung der anderen darein gemengt hätte.

Was tun? Papa Saltenberger raffte sich auf und sagte mit erzwungener Höflichkeit: »Wozu auch fremde Menschen? Nun wollen wir das Fest so recht unter uns begehen!«

Da läutete es wieder. Und diesmal kam der königliche Postadjunkt Geiger, welcher noch niemals abgesagt hatte.

Er hatte es nicht zu bereuen. Er war der verhätschelte Liebling der Familie; er bekam ein Paar Pantoffeln, einen Tabakbeutel und wollene Handschuhe, viele Süßigkeiten, Äpfel und Nüsse.

Er trank einen sehr guten Wein und einen famosen Punsch, er aß Rheinsalm, Rehbraten und Pudding und bewunderte die Freigebigkeit der Familie, welche für ihn allein so reichlich auftragen ließ.

Er sagte allen Damen Liebenswürdigkeiten und ließ sich von jeder in der gehobenen Stimmung auf die Füße treten.

Und als er ziemlich betrunken den Heimweg antrat, sagte er sich, dass das Familienleben doch sein Gutes, besonders hinsichtlich der leiblichen Genüsse habe.

Und er verlobte sich am Silvesterabend mit der wohlhabenden Witwe Reisenauer, welche ein gut gehendes Geschäft am Marktplatz hatte.

13

Andreas Gryphius' Weihnachtsgedicht ist als Sonett (mit zwei vierzeiligen und zwei dreizeiligen Strophen) angelegt und entspricht ganz und gar der stilistischen Welt des Barock. Vor allem das Paradox von Nacht und Helligkeit dank der Geburt des Erlösers steht im Zentrum, gefolgt von der starken Metapher der »Nacht der Sünden«, die mit dieser »Nacht, lichter als der Tag« beendet wird.

ANDREAS GRYPHIUS

Über die Geburt Jesu.

Nacht mehr denn lichte Nacht! Nacht lichter als der Tag /
Nacht heller als die Sonn / in der das Licht geboren /
Das Gott / der Licht / in Licht wohnhaftig / ihm erkoren:
O Nacht / die alle Nächt und Tage trotzen mag.
O freudenreiche Nacht / in welcher Ach und Klag /
Und Finsternis und was sich auf die Welt verschworen
Und Furcht und hellen Angst und Schrecken ward verloren.
Der Himmel bricht! Doch fehlt nu mehr kein Donnerschlag.
Der Zeit und Nächte schuf ist diese Nacht ankommen!
Und hatt das Recht der Zeit / und Fleisch an sich genommen!
Und unser Fleisch und Zeit der Ewigkeit vermacht.
Der Jammer trübe Nacht die schwarze Nacht der Sünden
Des Grabes Dunkelheit / muss durch die Nacht
verschwinden.
Nacht lichter als der Tag; Nacht mehr denn lichte Nacht!

14

Von schwerer Krankheit genesen, legte Theodor Fontane 1893 einen autobiographischen Roman vor: Meine Kinderjahre. *Darin berichtet er auch über die Weihnachtsvorbereitungen in seiner Familie und die Schwierigkeiten seines Vaters, am Weihnachtsabend das rechte Wort zu finden.*

THEODOR FONTANE

Weihnachtsvorbereitungen

aus *Meine Kinderjahre*

Mit dem Gänseschlachten fing es an. Eine reguläre Wirtschaftsführung ohne Gänseschlachten konnte nicht wohl gedacht werden. Es handelte sich dabei um mancherlei, zunächst wohl um die Federn zur Herstellung immer neuer Fremdenbetten, vor allem aber auch um die geräucherten Gänsebrüste, die fast so wichtig waren wie die Schinken und Speckseiten im Rauchfang. Waren, kurz vor Martini, die Gänse zu diesem Zweck in genügender Zahl herangetrieben und auf dem Hofe, wo nun ein entsetzliches Schnattern uns eine Woche lang um unsere Nachtruhe brachte, zu letzter Auffütterung eingepfercht, so wurde auch schon der Tag zu Beginn der Festlichkeit festgesetzt. Meist Mitte November. Auf dem Hofe, hart an die Giebelwand des Hauses sich lehnend, befand sich, wie schon erzählt (und zwar sonderbarerweise mit einem Taubenschlage darüber), die Gesindestube, darin außer der Köchin noch zwei Hausmädchen schliefen. Immer vorausgesetzt, dass sie schliefen. Der Kutscher – an Stelle des alten Ehm war längst eine jugendliche Kraft getreten – sah sich der Hausordnung nach zunächst freilich auf die Häckselkammer neben dem Pferdestall angewiesen, er verzichtete jedoch gern auf die Selbständigkeit dieses ihm zuständigen Aufenthalts und zog es vor, den ohnehin engen Raum der Gesindestube durch seine Gegenwart noch enger zu machen. Alles nach dem Satze: »Raum ist in der kleinsten Hütte etc.« War nun aber die Gänseschlachtzeit herangekommen, so bedeutete das eine weitere, sehr erheblich gesteigerte Raumbeschränkung, denn am selbigen Abend, an dem das Massakrieren beginnen sollte, stellte sich zu dem, was für gewöhnlich die Gesindestube beherbergte, auch noch ein Aufgebot alter Weiber ein, vier oder fünf, die sonst als Wasch- oder auch wohl als Jätefrauen ihr Dasein fristeten. Und nun begann das Opferfest. Immer spät abends. Durch die weit offenstehende Tür, geöffnet, weil es sonst vor Stickluft nicht auszuhalten gewesen wäre, schienen die Sterne in den verqualmten und durch ein Talglicht kümmerlich erleuchteten Raum hinein. An dem Talglicht immer ein Dieb. Nächst der Tür aber, in einem Halbkreise, standen die fünf Schlachtpriesterinnen, jede mit einer Gans zwischen den Knien, und sangen, während sie mit einem spitzen Küchenmesser die Schädeldecke des armen Tieres durchbohrten (eine Prozedur, deren Notwendigkeit mir nie klar geworden ist), allerlei Volkslieder, deren Text in einem merkwürdigen Gegensatz sowohl zu dem mörderischen Akt wie zu der Trauermelodie stand. So wenigstens musste man annehmen, denn die Mädchen, die, den Gast aus der Häckselkammer zwischen sich, auf der Bettkante saßen, begleiteten die Volkslieder mit unendlichem Vergnügen, ja, die besonders traurig klingenden Stellen sogar mit Juchzern. Meine beiden Eltern waren sittenstreng, und es war oft die Rede davon, ob diesem frechen Treiben nicht Einhalt zu tun sei; schließlich aber hatte man den Kampf dagegen aufgegeben, und mein Vater, dem es schwante, dass dergleichen schon im Altertume vorgekommen sei, sagte, nachdem er nachgeschlagen: »Es ist eine Wiederholung alter Zustände, römische Saturnalien oder, was dasselbe sagen will, momentane Herrschaft der Dienenden über die sogenannte Herrschaft.« Und als er so den Hergang historisch rubriziert hatte, gab er sich zufrieden, umso mehr, als die Mädchen am andern Morgen ihn jedes Mal durch einen ganz besonders sittigen Augenniederschlag erheiterten. Er stellte dann phantastisch ausschweifende Betrachtungen an, als ob *Gil Blas* seine Lieblingslektüre gewesen wäre. Das war aber nicht der Fall, er las vielmehr nur Walter Scott, was ich ihm heute noch danke, denn einige Bröckelchen fielen schon damals für mich ab. *Quentin Durward* zog er allem vor, vielleicht weil es ein französischer Stoff war. Ich habe hier übrigens noch hinzuzufügen, dass die Schrecknisse dieser Gänseschlachtepoche mit der eigentlichen Schlachtnacht und den Trauermelodien keineswegs abgetan waren, sondern sich durch mindestens eine halbe Woche hin noch weiter fortsetzten. Diese Schlachtzeit war nämlich zugleich auch die Zeit, wo das aus Gänseblut zubereitete ›Schwarzsauer‹ tagtäglich auf unseren Tisch kam, ein Gericht, das nach pommerscher Anschauung alles andre aus dem Felde schlägt. Auch mein Vater hielt es für seine Pflicht, sich dieser landestümlichen Anschauung anzuschließen, und sagte, wenn die dampfende Riesenschüssel erschien: »Ah, das ist recht; davon esst nur; das ist die schwarze Suppe der Spartaner; alles Saft und Kraft.« Er selber aber suchte sich geradeso wie wir das

Backobst und die Mandelklöße heraus und überließ die Kraftbrühe der Gesindeschaft draußen und vor allem den Schlacht- und Klageweibern, die sich durch ihre Bohrversuche den gegründetsten Anspruch darauf erworben hatten.

Etwa vierzehn Tage später folgte dann das Schweineschlachten. Meine Stellung dazu war noch genau dieselbe wie zu der Zeit, wo ich, kaum siebenjährig, aus der Stadt hinaus auf Alt-Ruppin zu geflohen war, um sowohl dem Anblick wie der ganzen Skala ohr- und herzzerreißender Töne zu entgehen; aber ich war doch inzwischen aus den Kinderjahren in die Jungensjahre hineingewachsen, wo man wohl oder übel seine Ehre darin setzt, alles mannhaft mit durchzumachen, auch wenn sich die eigenste Natur dagegen auflehnt. Dass die Aussicht auf ›Reiswurst mit Rosinen‹ bei Durchführung dieser Tapferkeitskomödie mitgewirkt hätte, kann ich nicht sagen, denn sosehr ich sonst für gute Bissen war, so war ich doch in den der Weihnachtszeit voraufgehenden Wochen immer halb krank von dem unausgesetzt das Haus durchziehenden Fettwrasen. Jedenfalls konnte von gutem Appetit um ebendiese Zeit (trotzdem sich's da gerade verlohnt hätte) nie recht die Rede sein, besonders dann nicht, wenn um Anfang Dezember, wie fast regelmäßig geschah, auch noch ein Hirsch von der Oberförsterei her eingeliefert war, der nun – aufgebrochen wie man ein Rind aufbricht – an die Giebelwand des Gesindehauses gehängt wurde. Tag um Tag trat dann die Köchin an das schreckliche Giebelornament heran und schälte erst das Ziemer und dann die Vorder- und Hinterschlegel heraus, so dass wir immer aufatmeten, wenn es mit dieser Wildherrlichkeit wieder vorbei war.

Unter einem glücklicheren Stern stand die Backwoche, wo mit Pfeffer- und Zuckernüssen begonnen und mit Brezeln, Kranz- und Blechkuchen aufgehört wurde. Wir durften nicht nur mit in die Backstube hinein, darin es überaus anheimelnd nach bitteren Mandeln und geriebener Zitrone roch, sondern erhielten auch, als Weihnachtsvorschmack, eigens für uns Kinder gebackene kleine Wecken, alles reichlich zugemessen. »Ich weiß«, sagte meine Mutter, »dass sie sich den Magen daran verderben, aber das ist besser, wie wenn sie knapp gehalten werden. Sie sollen all diese Zeit über eine Festfreude haben, und die bringt ihnen ein Festkuchen am besten bei.« Es hat was für sich, und bei ganz robusten Kindern mag es das unbedingt Richtige sein. Aber so robust waren wir doch nicht, dass es für uns so ohne weiteres gepasst hätte. Mir war denn auch um Weihnachten herum immer sehr weinerlich zumute.

Allerlei Gewölk

Weihnachten rückte heran, und schon die ganze Woche vorher hieß es: »Aber diesmal wird es eine Freude sein ... so was Schönes«, und wenn ich dann mehr wissen wollte, setzte die gute Schröder hinzu: »Gerade, was du dir gewünscht hast ... Die Mama ist viel zu gut, denn eigentlich seid ihr doch bloß Rangen.«

»Aber was is es denn?«

»Abwarten.«

Und so, fieberhaft gespannt, sahen wir dem Heiligabend entgegen. Endlich war er da. Wie herkömmlich verbrachten wir die Stunde vor der eigentlichen Bescherung in dem kleinen, nach dem Garten hinaus gelegenen Wohnzimmer meines Vaters, das absichtlich ohne Licht blieb, um dann den brennenden Weihnachtsbaum, den meine Mama mittlerweile zurechtmachte, desto glänzender erscheinen zu lassen. Mein Vater unterhielt uns während dieser Dunkelstunde, so gut er konnte, was ihm jedes Mal blutsauer wurde. Denn wiewohl er unter Umständen, wie vielleicht nur allzu oft hervorgehoben, in reizendster Weise mit uns plaudern und uns durch freie Einfälle, die wir verstanden oder auch nicht verstanden, zu vergnügen wusste, so war er doch ganz unfähig, etwas einer bestimmten Situation Anzupassendes, also etwas für ihn mehr oder weniger Zwangsmäßiges, leicht und unbefangen zum Besten zu geben. Sonst ein so glücklicher Humorist, konnte er den richtigen Ton bei solchen Gelegenheiten nie treffen. Am Weihnachtsabend trat dies immer sehr stark hervor. Er sagte dann wohl zu sich selbst, fast als ob er sich auf eine richtige Stimmung hin präpariere: »Ja, das ist nun also Weihnachten ... An diesem Tage wurde der Heiland geboren ... ein sehr schönes Fest ...«, und hinterher wiederholte er all diese Worte auch wohl zu uns und sah uns dabei mit zurechtgemachter Feierlichkeit an. Aber eigentlich schwankte er bloß zwischen Verlegenheit und Gelangweiltsein, und wenn dann zuletzt die Klingel der Mama das Zeichen gab und wir nach dreimaligem Ummarsch um einen kleinen runden Tisch und unter Absingung eines an Plattheit nicht leicht zu übertreffenden Verses:

»Heil, Heil, Heil,
Heil, dreifacher Segen,
Strahl, o heller Lichterglanz,
Unsrem Fest entgegen«

über den Flur fort in das Vorderzimmer einmarschierten, war er, mein Vater, womöglich noch froher und erlöster als wir, die wir bis dahin doch bloß vor Ungeduld gelitten hatten.

So war es auch an dem hier zu schildernden Weihnachtsabend wieder. Unser Einmarsch, unter Absingung obiger Strophe, war eben erfolgt, und verwirrt und befangen standen wir, auf den Baum starrend, um die Tafel herum, bis die Mama uns endlich bei der Hand nahm und sagte: »Aber nun seht euch doch an, was euch der heilige Christ beschert hat. Hier das« – und diese Worte richteten sich speziell an mich –, »hier das unter der Serviette, das ist für dich und deinen Bruder. Nimm nur fort.« Und nun zögerten wir auch nicht länger und entfernten die Serviette. Was obenauf lag, weiß ich nicht mehr, vielleicht zwei große Pfefferkuchenmänner oder Ähnliches, jedenfalls etwas, was uns enttäuschte. »Seht nur weiter«, und nun nahmen wir, wie uns geheißen, auch das zweite Tuch ab. Ah, das verlohnte sich. Da lagen gekreuzt zwei schöne Korbsäbel, also genau das (die gute Schröder hatte recht gehabt), was wir uns so sehnlich gewünscht hatten. Und so stürzten wir denn auf die Mama zu, ihr die Hände zu küssen.

15

In einem kunstvollen Sonett trägt Johann Wolfgang Goethe seine Eindrücke über Süßigkeiten in »heiligen Weihnachtszeiten« vor, nicht ohne auf launige Weise über die größere Bedeutung von »Süßem« im Inneren hinzuweisen.

JOHANN WOLFGANG GOETHE

Christgeschenk

Mein süßes Liebchen! Hier in Schachtelwänden
Gar mannigfalt geformte Süßigkeiten.
Die Früchte sind es heilger Weihnachtszeiten,
Gebackne nur, den Kindern auszuspenden!

Dir möcht ich dann mit süßem Redewenden
Poetisch Zuckerbrot zum Fest bereiten;
Allein was soll's mit solchen Eitelkeiten?
Weg den Versuch, mit Schmeichelei zu blenden!

Doch gibt es noch ein Süßes, das vom Innern
Zum Innern spricht, genießbar in der Ferne,
Das kann nur bis zu dir hinüberwehen.

Und fühlst du dann ein freundliches Erinnern,
Als blinkten froh dir wohlbekannte Sterne,
Wirst du die kleinste Gabe nicht verschmähen.

16

Adalbert Stifter hat den Bericht über das Weihnachtsfest für die damals populäre Zeitschrift Gartenlaube *geschrieben. Es ging ihm dabei um die Gestaltung des christlichen Lebens und Glaubens durch Feste, worunter er Weihnachten zu den eindrucksvollsten überhaupt zählte – was er auch in seiner Novelle* Bergkristall *behandelte. Weihnachten ist für ihn das Fest der Kinder, wie es schon der Theologe der Romantik, Friedrich Schleiermacher, mit großer Wirkung dargestellt hatte.*

ADALBERT STIFTER

Weihnacht

Und endlich kömmt diese Heilige Nacht. So kurz die Tage sind, so hat doch an diesem Tage die Nacht gar nicht kommen wollen, und immer und immer dauerte der Tag. Das Christkind aber gibt die Gaben nur in der Nacht seiner Geburt. Und sie ist jetzt gar wirklich gekommen, diese Nacht. Die Lichter brennen schon in dem schönen Zimmer der Stadtleute, auf der Leuchte in der Stube der alten Waldhütte brennt der Kien, oder es brennt ein Span in seiner eisernen Zange auf einem hölzernen Gestelle. In dem Zimmer mit den Lichtern oder in der Stube mit dem brennenden Kien oder dem brennenden Spane harren die Kinder. Da kömmt die Mutter und sagt: »Das Christkindlein ist schon dagewesen.«

Und nun öffnen sich die Flügeltüren, und die Kinder und alle, welche gekommen sind, die Freude zu teilen, gehen in das verschwiegene Zimmer. Dort steht der Baum, der sonst nichts als grün gewesen ist. Jetzt sind unzählige flimmernde Lichter auf ihm, und bunte Bänder und Gold und unbekannte Kostbarkeiten hängen von ihm nieder. Und der Gaben ist eine Fülle auf ihm, dass man sich kaum fassen kann. Die Kinder sehen ihre liebsten Wünsche erfüllt, und selbst die Erwachsenen und selbst der Vater und die Mutter haben von dem Christkinde Geschenke erhalten, weil sie Freunde der Kinder sind und die Kinder lieben. Die Bangigkeit der Erwartung geht jetzt in Jubel auf, und man kann nicht enden, sich zu zeigen, was gespendet worden ist. Man zeigt es sich immer wieder und immer wieder und freut sich, bis der Erregung die Ermattung folgt und der Schlummer die kleinen Augenlider schließt.

Und auch die Tür aus der Stube der Waldhütte öffnet sich in die Kammer hinaus, und die Kinder gehen durch die Tür, und auf einem Baume mit mehreren Lichtlein hängen wunderbare goldene Nüsse und goldene Pflaumen und Äpfel und Birnen und Backwerk und anderes Liebes, vielleicht ein hölzerner, schön bemalter Kuckuck oder ein Trompetchen oder zwei rote, unvergleichliche Schuhe. Und wenn kein Baum in der Kammer ist, so liegen diese Dinge auf einem weißen reinen Tuche, und eine Talgkerze brennt dabei. Und die Dinge werden in die Stube hinausgetragen und die Talgkerze auch, und sie bleibt in der Heiligen Nacht brennen, bis die Kinder schlafen gehen. Und vor Freude und vor Entzücken gehen sie recht lange nicht schlafen und kosten auch noch von den gespendeten Dingen. Aber endlich bringt sie der Schlummer doch unter die Decke, und manche Gabe geht mit in das Bett.

Selbst den Kindern in Hütten, wo nur eine Stube und gar keine verschwiegene Kammer ist, bringt das Christkind

Gaben. Sie dürfen nur in das Vorhaus, in den Stallgang oder wo immer hin auf einen Stein, darauf man sonst Garn klopft, oder auf einen Stock oder auf einen Stuhl ein Tuch breiten und ein leeres Schüsselchen stellen, und wenn sie nach einer Zeit wieder nachsehen, ist das Schüsselchen gefüllt mit Goldnüssen, Pflaumen, Birnen, Äpfeln, Honigkuchen und erwünschlichen Sachen.

Und zu solchen Kindern, damit sie wissen, dass das Schüsselchen gefüllt ist, sendet öfter das Christkindlein eines seiner goldenen Rösslein, mit denen es durch den Himmel fährt, und lässt die geschehene Begabung verkündigen. Und das Rösslein läutet vor der Tür der Stube mit seiner Glocke und tut ungebärdig, schlägt an die Tür, und wenn die Kinder hinauseilen, ist das Rösslein fort, und das gefüllte Schüsselchen steht da. Wir haben oft in längst vergessenen Christnächten im Walde an der jungen Moldau das goldene Rösslein läuten und toben gehört.

17

Theodor Fontane lässt in seinem Gedicht Christnacht *den Blick weg von den üblichen Feierlichkeiten schweifen. Am »weißgedeckten Tisch« denkt ein Knabe weinend an das Grab seiner Braut unter einer Fichte, während der »Gott der Liebe« ihm Tränen beschert.*

THEODOR FONTANE

Christnacht

1

Auf dem weißgedeckten Tische
Prangt der grüne Weihnachtsbaum,
Trägt im buntesten Gemische
Kerzen, Gold- und Silberschaum.

Vor dem Tische steht ein Knabe,
Blickt die Schätze hastig an,
Ob vielleicht die Weihnachtsgabe
Ihm das Herz erfreuen kann.

Aber nichts will ihm gefallen,
Selbst das Schönste dünkt ihm Tand,
Und er weint, weil an dem allen
Nicht sein Herz Befriedgung fand.

»Mutter, einzig gute Mutter,
Sieh mich nicht so traurig an,
Will ja länger nicht mehr weinen,
Hat es dir doch weh getan.

Ach, du fragst: ›Woher die Tränen?‹
Alles, alles, was mich quält,
Ist, dass mich ein heißes Sehnen
Nach – ich weiß nicht was – beseelt.«

2

Auf der weißbeschneiten Erde
Steht an eines Friedhofs Saum
Eine Fichte, wunderprächtig,
Wie ein riesger Weihnachtsbaum.

Tausend helle Kerzen flimmern
Über ihm am Himmelsraum,
Und des blassen Mondes Schimmern
Ist des Christbaums Silberschaum.

An der Fichte, vor dem Grabe
Seiner Braut, das sie bewacht,
Kniet nach manchem Jahr der Knabe
Wieder, in der Christesnacht.

»Gott der Liebe, hier am Grabe
Hast Du endlich Dich bewährt,
Hast als schönste Weihnachtsgabe
Endlich Tränen mir beschert;

Mir, dem Du so viel genommen,
Dem so alles, alles fehlt,
Dass ihn, wenn die Tränen kommen,
Heißer Dank dafür beseelt.«

18

In Zeiten seiner politischen Kaltstellung während der Zeit des Nationalsozialismus hat sich Hans Fallada an Geschichten für Kinder versucht. In Lüttenweihnachten *(niederdeutsch, in etwa: ›kleines Weihnachten‹) erzählt er 1936, wie Kinder einen Weihnachtsbaum fürs Vieh aufstellen wollen, wozu sie aber erst einmal einen Baum benötigen. Doch der Förster bewacht seinen Wald …*

HANS FALLADA

Lüttenweihnachten

Zum Meer muss man doch, wenn man ein Küstenmensch ist, selbst mit solchem Baum. Anderes Meer haben sie näher am Hof, aber das sind nur Bodden und Wieks. Dies hier ist richtiges Außenmeer, hier kommen die Wellen von weit, weit her, von Finnland oder von Schweden oder auch von Dänemark. Richtige Wellen …

Also, sie laufen aus dem Wald über die Dünen.

Und nun stehen sie still.

Nein, das ist nicht mehr die Brandung allein, das ist ein seltsamer Laut, ein wehklagendes Schreien, ein endloses Flehen, tausendstimmig. Was ist es? Sie stehen und lauschen.

»Jung, Manning, das sind Gespenster!«

»Das sind die Ertrunkenen, die man nicht begraben hat.«

»Kommt, schnell nach Haus!«

Und darüber heult die Nebelsirene.

Seht, es sind kleine Menschentiere, Bauernkinder, voll von Spuk und Aberglauben, zu Haus wird noch besprochen, da wird gehext und blau gefärbt. Aber sie sind kleine

Menschen, sie laden ihren Baum wieder auf und waten doch durch den Dünensand dem klagenden Geschrei entgegen, bis sie auf der letzten Höhe stehen, und …

Und was sie sehen, ist ein Stück Strand, ein Stück Meer. Hier über dem Wasser weht es ein wenig, der Nebel zieht in Fetzen, schließt sich, öffnet den Ausblick. Und sie sehen die Wellen, grüngrau, wie sie umstürzen, weißschäumend draußen auf der äußersten Sandbank, näher tobend, brausend. Und sie sehen den Strand, mit Blöcken besät, und dazwischen lebt es, dazwischen schreit es, dazwischen watschelt es in Scharen …

»Die Wildgänse!«, sagen die Kinder. »Die Wildgänse …!«

Sie haben nur davon gehört, sie haben es noch nie gesehen, aber nun sehen sie es. Das sind die Gänsescharen, die zum offenen Wasser ziehen, die hier an der Küste Station machen, eine Nacht oder drei, um dann weiterzuziehen, nach Polen oder wer weiß wohin, Vater weiß es auch nicht. Da sind sie, die großen, wilden Vögel, und sie schreien, und das Meer ist da und der Wind und der Nebel, und der Leuchtturm von Arkona heult, und die Kinder stehen da mit ihrem gemausten Tannenbaum und starren und lauschen und trinken es in sich ein …

Und plötzlich sehen sie noch etwas, und magisch verführt, gehen sie dem Wunder näher. Abseits, zwischen den hohen Steinblöcken, da steht ein Baum, eine Fichte wie die ihre, nur viel, viel höher, und sie ist besteckt mit Lichtern, und die Lichter flackern im leichten Windzug …

»Lüttenweihnachten«, flüstern die Kinder. »Lüttenweihnachten für die Wildgänse …«

Immer näher kommen sie, leise gehen sie, auf den Zehen – oh, dieses Wunder! – und um den Felsblock biegen sie. Da ist der Baum vor ihnen in all seiner Pracht, und neben ihm steht ein Mann, die Büchse über der Schulter, ein roter Vollbart …

»Ihr Schweinekerls!«, sagt der Förster, als er die drei mit der Fichte sieht.

Und dann schweigt er. Und auch die Kinder sagen nichts. Sie stehen und starren. Es sind kleine Bauerngesichter, sommersprossig, selbst jetzt im Winter, mit derben Nasen und einem festen Kinn, es sind Augen, die was in sich reinsehen. Immerhin, denkt der Förster, haben sie mich auch erwischt beim Lüttenweihnachten. Und der Pastor sagt, es sind Heidentücken. Aber was soll man denn machen, wenn die Gänse so schreien und der Nebel so dick ist, und die Welt so eng und so weit und Weihnachten vor der Tür …

Was soll man da machen …?

Man soll einen Vertrag machen auf ewiges Stillschweigen, und die Kinder wissen ja nun, dass der gefürchtete Rotvoß nicht so schlimm ist, wie sich die Leute erzählen …

Ja, da stehen sie nun: ein Mann, zwei Jungen, ein Mädel. Die Kerzen flackern am Baum, und ab und zu geht auch eine aus. Die Gänse schreien, und das Meer braust und rauscht. Die Sirene heult. Da stehen sie, es ist eine Art Versöhnungsfest, sogar auf die Tiere erstreckt, es ist Lüttenweihnachten. Man kann es feiern, wo man will, am Strand auch, und die Kinder Fallada und »Suse« mit den Kindern Uli und Lore, genannt »Mücke« werden es nachher in ihres Vaters Stall noch einmal feiern.

Und schließlich kann man hingehen und danach handeln. Die Kinder sind imstande und bringen es fertig, die Tiere nicht unnötig zu quälen und ein bisschen nett zu ihnen zu sein. Zuzutrauen ist ihnen das.

Das Ganze aber heißt Lüttenweihnachten und ist ein verbotenes Fest, der Lehrer Beckmann wird es ihnen morgen schon zeigen!

19

Das wohl bekannteste Weihnachtsgedicht stammt aus Theodor Storms Novelle Unter dem Tannenbaum *und handelt von einem Vater, der in der Emigration von der Rückkehr nach Hause träumt (wie es Storm selbst widerfuhr). Da tritt in der Weihnachtszeit der gewohnte Knecht Ruprecht auf und spricht ein Gedicht:* Von drauß, vom Walde komm ich her.

THEODOR STORM

Von drauß' vom Walde komm ich her

Von drauß' vom Walde komm ich her,
Ich muss euch sagen, es weihnachtet sehr!
Allüberall auf den Tannenspitzen
Sah ich goldene Lichtlein sitzen.
Und droben aus dem Himmelstor
Sah mit großen Augen das Christkind hervor.
Und wie ich so strolcht' durch den dichten Tann,
Da rief's mich mit heller Stimme an;
»Knecht Ruprecht«, rief es, »alter Gesell,
Hebe die Beine und spute dich schnell!
Die Kerzen fangen zu brennen an,
Das Himmelstor ist aufgetan,
Alt' und Junge sollen nun
Von der Jagd des Lebens einmal ruhn;
Und morgen flieg ich hinab zur Erden,
Denn es soll wieder Weihnachten werden!«
Ich sprach: »O lieber Herre Christ,
Meine Reise fast zu Ende ist;

Ich soll nur noch in diese Stadt,
Wo's eitel brave Kinder hat.«
»Hast denn das Säcklein auch bei dir?«
Ich sprach: »Das Säcklein, das ist hier;
Denn Apfel, Nuss und Mandelkern
Fressen fromme Kinder gern!«
»Hast denn die Rute auch bei dir?«
Ich sprach: »Die Rute, die ist hier!
Doch für die Kinder nur, die schlechten,
Die trifft sie auf den Teil, den rechten!«
Christkindlein sprach: »So ist es recht,
So geh mit Gott, mein treuer Knecht!«
Von drauß' vom Walde komm ich her;
Ich muss euch sagen, es weihnachtet sehr!
Nun sprecht, wie ich's hierinnen find?
Sind's gute Kind, sind's böse Kind?

20

Wolfgang Borchert lässt in seiner Kurzgeschichte an Weihnachten drei Kriegsheimkehrer eine Familie besuchen, in der gerade ein Kind geboren wurde. Schwer verletzt und mittellos, wie sie sind, geben sie dennoch kleine Geschenke ab und erneuern damit 1946 (ein Jahr vor Borcherts frühen Tod mit 26 Jahren) die biblische Erzählung von den Heiligen drei Königen als ›Trümmerliteratur‹.

WOLFGANG BORCHERT

Die drei dunklen Könige

Er tappte durch die dunkle Vorstadt. Die Häuser standen abgebrochen gegen den Himmel. Der Mond fehlte und das Pflaster war erschrocken über den späten Schritt. Dann fand er eine alte Planke. Da trat er mit dem Fuß gegen, bis eine Latte morsch aufseufzte und losbrach. Das Holz roch mürbe und süß. Durch die dunkle Vorstadt tappte er zurück. Sterne waren nicht da.

Als er die Tür aufmachte (sie weinte dabei, die Tür), sahen ihm die blassblauen Augen seiner Frau entgegen. Sie kamen aus einem müden Gesicht. Ihr Atem hing weiß im Zimmer, so kalt war es. Er beugte sein knochiges Knie und brach das Holz. Das Holz seufzte. Dann roch es mürbe und süß ringsum. Er hielt sich ein Stück davon unter die Nase. Riecht beinahe wie Kuchen, lachte er leise. Nicht, sagten die Augen der Frau, nicht lachen. Er schläft.

Der Mann legte das süße mürbe Holz in den kleinen Blechofen. Da glomm es auf und warf eine Handvoll warmes Licht durch das Zimmer. Die fiel hell auf ein winziges rundes Gesicht und blieb einen Augenblick. Das Gesicht war erst eine Stunde alt, aber es hatte schon alles, was dazugehört: Ohren, Nase, Mund und Augen. Die Augen mussten groß sein, das konnte man sehen, obgleich sie zu waren. Aber der Mund war offen und es pustete leise daraus. Nase und Ohren waren rot. Er lebt, dachte die Mutter. Und das kleine Gesicht schlief.

Da sind noch Haferflocken, sagte der Mann. Ja, antwortete die Frau, das ist gut. Es ist kalt. Der Mann nahm noch von dem süßen weichen Holz. Nun hat sie ihr Kind gekriegt und muss frieren, dachte er. Aber er hatte keinen, dem er dafür die Fäuste ins Gesicht schlagen konnte. Als er die Ofentür aufmachte, fiel wieder eine Handvoll Licht über das schlafende Gesicht. Die Frau sagte leise: Kuck, wie ein Heiligenschein, siehst du? Heiligenschein!, dachte er und er hatte keinen, dem er die Fäuste ins Gesicht schlagen konnte.

Dann waren welche an der Tür. Wir sahen das Licht, sagten sie, vom Fenster. Wir wollen uns zehn Minuten hinsetzen.

Aber wir haben ein Kind, sagte der Mann zu ihnen. Da sagten sie nichts weiter, aber sie kamen doch ins Zimmer, stießen Nebel aus den Nasen und hoben die Füße hoch. Wir sind ganz leise, flüsterten sie und hoben die Füße hoch. Dann fiel das Licht auf sie.

Drei waren es. In drei alten Uniformen. Einer hatte einen Pappkarton, einer einen Sack. Und der Dritte hatte keine Hände. Erfroren, sagte er, und hielt die Stümpfe hoch. Dann drehte er dem Mann die Manteltasche hin. Tabak war darin und dünnes Papier. Sie drehten Zigaretten. Aber die Frau sagte: Nicht, das Kind.

Da gingen die vier vor die Tür und ihre Zigaretten waren vier Punkte in der Nacht. Der eine hatte dicke umwickelte Füße. Er nahm ein Stück Holz aus seinem Sack. Ein Esel, sagte er, ich habe sieben Monate daran geschnitzt. Für das Kind. Das sagte er und gab es dem Mann. Was ist mit den Füßen?, fragte der Mann. Wasser, sagte der Eselschnitzer, vom Hunger. Und der andere, der Dritte?, fragte der Mann und befühlte im Dunkeln den Esel. Der Dritte zitterte in seiner Uniform: Oh, nichts, wisperte er, das sind nur die Nerven. Man hat eben zu viel Angst gehabt. Dann traten sie die Zigaretten aus und gingen wieder hinein.

Sie hoben die Füße hoch und sahen auf das kleine schlafende Gesicht. Der Zitternde nahm aus seinem Pappkarton zwei gelbe Bonbons und sagte dazu: Für die Frau sind die.

Die Frau machte die blassen blauen Augen weit auf, als sie die drei Dunklen über das Kind gebeugt sah. Sie fürchtete sich. Aber da stemmte das Kind seine Beine gegen ihre Brust und schrie so kräftig, dass die drei Dunklen die Füße aufhoben und zur Tür schlichen. Hier nickten sie nochmal, dann stiegen sie in die Nacht hinein.

Der Mann sah ihnen nach. Sonderbare Heilige, sagte er zu seiner Frau. Dann machte er die Tür zu. Schöne Heilige sind das, brummte er und sah nach den Haferflocken. Aber er hatte kein Gesicht für seine Fäuste.

Aber das Kind hat geschrien, flüsterte die Frau, ganz stark hat es geschrien. Da sind sie gegangen. Kuck mal, wie lebendig es ist, sagte sie stolz. Das Gesicht machte den Mund auf und schrie.

Weint er?, fragte der Mann.

Nein, ich glaube, er lacht, antwortete die Frau.

Beinahe wie Kuchen, sagte der Mann und roch an dem Holz, wie Kuchen. Ganz süß.

Heute ist ja auch Weihnachten, sagte die Frau.

Ja, Weihnachten, brummte er und vom Ofen her fiel eine Handvoll Licht hell auf das kleine schlafende Gesicht.

21

Rainer Maria Rilke schrieb sein Gedicht im Jahr 1901 für seine Schwester. Wie immer bei Rilke ist Weihnachten das tröstliche Fest im Jahr. In diesem Fall stellt er besonders die großen Kinderaugen angesichts der Feier in den Mittelpunkt.

RAINER MARIA RILKE

Weihnachten ist der stillste Tag im Jahr

Weihnachten ist der stillste Tag im Jahr,
da hörst du alle Herzen gehn und schlagen
wie Uhren, welche Abendstunden sagen:
Weihnachten ist der stillste Tag im Jahr.

Da werden alle Kinderaugen groß,
als ob die Dinge wüchsen, die sie schauen,
und mütterlicher werden alle Frauen
und alle Kinderaugen werden groß.

Da musst du draußen gehn im weiten Land,
willst du die Weihnacht sehn, die unversehrte,
als ob dein Sinn der Städte nie begehrte,
so musst du draußen gehn im weiten Land.

Dort dämmern große Himmel über dir
die auf entfernten weißen Wäldern ruhen.
Die Wege wachsen unter deinen Schuhen
und große Himmel dämmern über dir.

Und in den großen Himmeln steht ein Stern
ganz aufgeblüht zu selten großer Helle.
Die Fernen nähern sich wie eine Welle
und in den großen Himmeln steht ein Stern.

22

Bevor sich Johann Wolfang Goethes Werther am Weihnachtsabend erschießt, verabschiedet er sich Tage zuvor von Lotte, die mit den Vorbereitungen für das Fest und die Geschenke für die Kinder beschäftigt ist. Lotte will ihn dabei nicht sehen, bestellt ihn für den Weihnachtsabend, wogegen Werther aufbegehrt.

JOHANN WOLFGANG GOETHE

Weihnachtsvorbereitungen

aus *Die Leiden des jungen Werthers*

An eben dem Tage, es war der Sonntag vor Weihnachten, kam er abends zu Lotten, und fand sie allein. Sie beschäftigte sich, einige Spielwerke in Ordnung zu bringen, die sie ihren kleinen Geschwistern zum Christgeschenke zurechtgemacht hatte. Er redete von dem Vergnügen, das die Kleinen haben würden, und von den Zeiten, da einen die unerwartete Öffnung der Türe, und die Erscheinung eines aufgeputzten Baums mit Wachslichtern, Zuckerwerk und Äpfeln, in paradiesische Entzückung setzte. Sie sollen, sagte Lotte, indem sie ihre Verlegenheit unter ein liebes Lächeln verbarg: Sie sollen auch beschert kriegen, wenn Sie recht geschickt sind, ein Wachsstöckgen und noch was. Und was heißen Sie geschickt sein? rief er aus, wie soll ich sein, wie kann ich sein, beste Lotte? Donnerstagabend, sagte sie, ist Weihnachtsabend, da kommen die Kinder, mein Vater auch, da kriegt jedes das Seinige, da kommen Sie auch – aber nicht eher. – Werther stutzte! – Ich bitte Sie, fuhr sie fort, es ist nun einmal so, ich bitte Sie um meiner

Ruhe willen, es kann nicht, es kann nicht so bleiben! – Er wendete seine Augen von ihr, ging in der Stube auf und ab, und murmelte das: es kann nicht so bleiben! zwischen den Zähnen. Lotte, die den schröcklichen Zustand fühlte, worin ihn diese Worte versetzt hatten, suchte durch allerlei Fragen seine Gedanken abzulenken, aber vergebens: Nein, Lotte, rief er aus: ich werde Sie nicht wieder sehn! – Warum das? versetzte sie, Werther, Sie können, Sie müssen uns wiedersehen, nur mäßigen Sie sich. O! warum mussten Sie mit dieser Heftigkeit, dieser unbezwinglich haftenden Leidenschaft für alles, das Sie einmal anfassen, geboren werden. Ich bitte Sie, fuhr sie fort, indem sie ihn bei der Hand nahm, mäßigen Sie sich, Ihr Geist, Ihre Wissenschaft, Ihre Talente, was bieten die Ihnen für mannigfaltige Ergötzungen dar! sein Sie ein Mann, wenden Sie diese traurige Anhänglichkeit von einem Geschöpfe, das nichts tun kann als Sie bedauren. – Er knirrte mit den Zähnen, und sah sie düster an. Sie hielt seine Hand: Nur einen Augenblick ruhigen Sinn, Werther, sagte sie. Fühlen Sie nicht, dass Sie sich betrügen, sich mit Willen zu Grunde richten? Warum denn mich! Werther! Just mich! das Eigentum eines andern. Just das! Ich fürchte, ich fürchte, es ist nur die Unmöglichkeit mich zu besitzen, die Ihnen diesen Wunsch so reizend macht. Er zog seine Hand aus der ihrigen, indem er sie mit einem starren unwilligen Blicke ansah. Weise! rief er, sehr weise! hat vielleicht Albert diese Anmerkung gemacht? Politisch! sehr politisch! – Es kann sie jeder machen, versetzte sie drauf. Und sollte denn in der weiten Welt kein Mädgen sein, das die Wünsche Ihres Herzens erfüllte. Gewinnen Sie's über sich, suchen Sie darnach, und ich schwöre Ihnen, Sie werden sie finden. Denn schon lange ängstet mich für Sie und uns die Einschränkung, in die Sie sich diese Zeit her selbst gebannt haben. Gewinnen Sie's über sich! Eine Reise wird Sie, muss Sie zerstreuen! Suchen Sie, finden Sie einen werten Gegenstand all Ihrer Liebe, und kehren Sie zurück, und lassen Sie uns zusammen die Seligkeit einer wahren Freundschaft genießen.

Das könnte man, sagte er mit einem kalten Lachen, drucken lassen, und allen Hofmeistern empfehlen. Liebe Lotte, lassen Sie mir noch ein klein wenig Ruh, es wird alles werden. – Nur das Werther! dass Sie nicht eher kommen als Weihnachtsabend! –

23

Im Dezember 1892 schickte Hugo von Hofmannsthal sein Gedicht Weihnacht an seinen Freund Hermann Bahr. Darin spricht er von einem »bestellten Weihnachtsgedicht«. Zwei Jahre später erscheint es erstmals gedruckt in der Wiener Allgemeinen Zeitung *zum 25. Dezember.*

HUGO VON HOFMANNSTHAL

Weihnacht

Weihnachtsgeläute
Im nächtigen Wind …
Wer weiß, wo heute
Die Glocken sind,
Die Töne von damals sind?

Die lebenden Töne
Verflogener Jahr
Mit kindischer Schöne
Und duftendem Haar,
Und tannenduftigem Haar,

Mit Lippen und Locken
Von Träumen schwer? …
Und wo kommen die Glocken
Von heute her,
Die Wandernden heute her?

Die kommenden Tage,
Die wehn da vorbei. –
– Wer hört's, ob Klage,
Ob lachender Mai
Ob blühender, glühender Mai?

24

Thomas Mann berichtet in seinem 1901 veröffentlichten Roman Die Buddenbrooks *ausführlich über die Feier des Festes, das in bereits äußerst schwierigen Zeiten der Kaufmannsfamilie immer noch mit einigem Pomp gefeiert wird. Das Ganze ist damit eine Ikone des Familienfestes, zu dem Weihnachten seit dem 19. Jahrhundert geworden ist und bis heute blieb.*

THOMAS MANN

Weihnachtsabend

aus dem Roman *Die Buddenbrooks*

Unter solchen Umständen kam diesmal das Weihnachtsfest heran, und der kleine Johann verfolgte mit Hülfe des Abreißkalenders, den Ida ihm angefertigt, und auf dessen letztem Blatte ein Tannenbaum gezeichnet war, pochenden Herzens das Nahen der unvergleichlichen Zeit.

Die Vorzeichen mehrten sich … Schon seit dem ersten Advent hing in Großmamas Eßsaal ein lebensgroßes, buntes Bild des Knecht Ruprecht an der Wand. Eines Morgens fand Hanno seine Bettdecke, die Bettvorlage und seine Kleider mit knisterndem Flittergold bestreut. Dann, wenige Tage später, nachmittags im Wohnzimmer, als Papa mit der Zeitung auf der Chaiselongue lag und Hanno grade in Gerocks ›Palmblättern‹ das Gedicht von der Hexe zu Endor las, wurde wie alljährlich und doch auch diesmal ganz überraschender Weise ein »alter Mann« gemeldet, welcher »nach dem Kleinen frage«. Er wurde hereingebeten, dieser alte Mann, und kam schlürfenden Schrittes, in einem langen Pelze, dessen rauhe Seite nach außen gekehrt, und der mit Flittergold und Schneeflocken besetzt war, ebensolcher Mütze, schwarzen Zügen im Gesicht und einem ungeheuren weißen Barte, der wie die übernatürlich dicken Augenbrauen, mit glitzernder Lametta durchsetzt war. Er erklärte, wie jedes Jahr, mit eherner Stimme, daß *dieser* Sack – auf seiner linken Schulter – für gute Kinder, welche beten könnten, Äpfel und goldene Nüsse enthalte, daß aber andererseits *diese* Rute – auf seiner rechten Schulter – für die bösen Kinder bestimmt sei ... Es war Knecht Ruprecht. Das heißt, natürlich nicht so ganz und vollkommen der Ächte und im Grunde vielleicht bloß Barbier Wenzel in Papas gewendetem Pelz; aber soweit ein Knecht Ruprecht überhaupt möglich, war er *dies*, und Hanno sagte auch dieses Jahr wieder, aufrichtig erschüttert und nur ein- oder zweimal von einem nervösen und halb unbewußten Aufschluchzen unterbrochen, sein Vaterunser her, worauf er einen Griff in den Sack für die guten Kinder tun durfte, den der alte Mann dann überhaupt wieder mit sich zu nehmen vergaß ...

Es setzten die Ferien ein, und der Augenblick ging ziemlich glücklich vorüber, da Papa das Zeugnis las, das auch in der Weihnachtszeit notwendig ausgestellt werden mußte ... Schon war der große Saal geheimnisvoll verschlossen, schon waren Marzipan und Braune Kuchen auf den Tisch gekommen, schon war es Weihnacht draußen in der Stadt. Schnee fiel, es kam Frost, und in der scharfen, klaren Luft erklangen durch die Straßen die geläufigen oder wehmütigen Melodien der italienischen Drehorgelmänner, die mit ihren Sammetjacken und schwarzen Schnurrbärten zum Feste herbeigekommen waren. In den Schaufenstern prangten die Weihnachtsausstellungen. Um den hohen gotischen Brunnen auf dem Marktplatze waren die bunten Belustigungen des Weihnachtsmarktes aufgeschlagen. Und wo man ging, atmete man mit dem Duft der zum Kauf gebotenen Tannenbäume das Aroma des Festes ein.

Dann endlich kam der Abend des dreiundzwanzigsten Dezembers heran und mit ihm die Bescherung im Saale zu Haus, in der Fischergrube, eine Bescherung im engsten Kreise, die nur ein Anfang, eine Eröffnung, ein Vorspiel war, denn den Heiligen Abend hielt die Konsulin fest in Besitz, und zwar für die ganze Familie, so daß am Spätnachmittage des vierundzwanzigsten die gesamte Donnerstag-Tafelrunde, und dazu noch Jürgen Kröger aus Wismar, sowie Therese Weichbrodt mit Madame Kethelsen, im Landschaftszimmer zusammentrat.

In schwerer, grau und schwarz gestreifter Seide, mit geröteten Wangen und erhitzten Augen, in einem zarten Duft von Patschouli, empfing die alte Dame die nach und nach eintretenden Gäste, und bei den wortlosen Umarmungen klirrten ihre goldenen Armbänder leise. Sie war in unaussprechlicher stummer und zitternder Erregung an diesem Abend. »Mein Gott, du fieberst ja, Mutter!« sagte der Senator, als er mit Gerda und Hanno eintraf ... »Alles kann doch ganz gemütlich vonstatten gehen.« Aber sie flüsterte, indem sie alle Drei küßte: »Zu Jesu Ehren ... Und dann mein lieber seliger Jean ...«

In der Tat, das weihevolle Programm, das der verstorbene Konsul für die Feierlichkeit festgesetzt hatte, mußte aufrecht erhalten werden, und das Gefühl ihrer Verantwortung für den würdigen Verlauf des Abends, der von der Stimmung einer tiefen, ernsten und inbrünstigen Fröhlichkeit erfüllt sein mußte, trieb sie rastlos hin und her – von der Säulenhalle, wo schon die Marien-Chorknaben sich versammelten, in den Eßsaal, wo Rieckchen Severin letzte Hand an den Baum und die Geschenktafel legte, hinaus auf den Korridor, wo scheu und verlegen einige fremde alte Leutchen umher standen, Hausarme, die ebenfalls an der Bescherung teilnehmen sollten, und wieder ins Landschaftszimmer, wo sie mit einem stummen Seitenblick jedes überflüssige Wort und Geräusch strafte. Es war so still, daß man die Klänge einer entfernten Drehorgel vernahm, die zart und klar wie die einer Spieluhr aus irgend einer beschneiten Straße den Weg hierherfanden. Denn obgleich nun an zwanzig Menschen im Zimmer saßen und standen, war die Ruhe größer als in einer Kirche, und die Stimmung gemahnte, wie der Senator ganz vorsichtig seinem Onkel Justus zuflüsterte, ein wenig an die eines Leichenbegängnisses.

Übrigens war kaum Gefahr vorhanden, diese Stimmung möchte durch einen Laut jugendlichen Übermutes zerrissen werden. Ein Blick hätte genügt, zu bemerken, daß fast alle Glieder der hier versammelten Familie in einem Alter standen, in welchem die Lebensäußerungen längst gesetzte Formen angenommen haben. Senator Thomas Buddenbrook, dessen Blässe den wachen, energischen und sogar humoristischen Ausdruck seines Gesichtes Lügen strafte; Gerda, seine Gattin, welche, unbeweglich in einen Sessel zurückgelehnt und das schöne weiße Gesicht nach oben gewandt, ihre nahe bei einander liegenden, bläulich umschatteten, seltsam schimmernden Augen von den flimmernden Glasprismen des Kronleuchters bannen ließ; seine Schwester, Frau Permaneder; Jürgen Kröger, sein Cousin, der stille, schlicht gekleidete Beamte; seine Cousinen Friederike, Henriette und Pfiffi, von denen die beiden ersteren noch magerer und länger geworden waren, und die letztere noch kleiner und beleibter erschien, als früher, denen aber ein stereotyper Gesichtsausdruck durchaus gemeinsam war, ein spitziges und übelwollendes Lächeln, das gegen alle Personen und Dinge mit einer allgemeinen medisanten Skepsis gerichtet war, als sagten sie beständig: »Wirklich? Das möchten wir denn doch fürs Erste noch bezweifeln« ...; schließlich die arme, aschgraue Klothilde, deren Gedanken wohl direkt auf das Abendessen gerichtet waren: – sie Alle hatten die Vierzig überschritten, während die Hausherrin mit ihrem Bruder Justus und seiner Frau gleich der kleinen Therese Weichbrodt schon ziemlich weit über die Sechzig hinaus war, und die alte Konsulin Buddenbrook, geborene Stüwing, sowie die gänzlich taube Madame Kethelsen, sich schon in den Siebzigern befanden.

In der Blüte ihrer Jugend stand eigentlich nur Erika Weinschenk; aber wenn ihre hellblauen Augen – die Augen Herrn Grünlichs – zu ihrem Manne, dem Direktor, hinüberglitten, dessen geschorener, an den Schläfen ergrauter Kopf mit dem schmalen, in die Mundwinkel hineingewachsenen Schnurrbart sich dort neben dem Sofa von der idyllischen Tapetenlandschaft abhob, so konnte man bemerken, daß ihr voller Busen sich in lautlosem aber schwerem Atemzuge hob ... Ängstliche und wirre Gedanken an Usancen, Buchführung, Zeugen, Staatsanwalt, Verteidiger und Richter mochten sie bedrängen, ja, es war wohl Keiner im Zimmer, dem diese unweihnachtlichen Gedanken nicht im Sinne gelegen hätten. Der angeklagte Zustand von Frau Permaneders Schwiegersohn, das Bewußtsein der gesamten Familie von der Gegenwart eines Mitgliedes, das eines Verbrechens gegen die Gesetze, die bürgerliche Ordnung und die geschäftliche Ehrenhaftigkeit geziehen und vielleicht der Schande und dem Gefängnis verfallen war, gab der Versammlung ein vollständig fremdes, ungeheuerliches Gepräge. Ein Weihnachtsabend der Familie Buddenbrook mit einem Angeklagten in ihrer Mitte! Frau Permaneder lehnte sich mit strengerer Majestät in ihren Sessel zurück, das Lächeln der Damen Buddenbrook aus der Breitenstraße ward um noch eine Nuance spitziger …

Und die Kinder? Der ein wenig spärliche Nachwuchs? War auch er für das leis Schauerliche dieses so ganz neuen und ungekannten Umstandes empfänglich? Was die kleine Elisabeth betraf, so war es unmöglich, über ihren Gemütszustand zu urteilen. In einem Kleidchen, an dessen reichlicher Garnitur mit Atlasschleifen man Frau Permaneders Geschmack erkannte, saß das Kind auf dem Arm seiner Bonne, hielt seine Daumen in die winzigen Fäuste geklemmt, sog an seiner Zunge, blickte mit etwas hervortretenden Augen starr vor sich hin und ließ dann und wann einen kurzen, knarrenden Laut vernehmen, worauf das Mädchen es ein wenig schaukeln ließ. Hanno aber saß still auf seinem Schemel zu den Füßen seiner Mutter und blickte gerade wie sie zu einem Prisma des Kronleuchters empor …

Christian fehlte! Wo war Christian? Erst jetzt im letzten Augenblick bemerkte man, daß er noch nicht anwesend sei. Die Bewegungen der Konsulin, die eigentümliche Manipulation, mit der sie vom Mundwinkel zur Frisur hinaufzustreichen pflegte, als brächte sie ein hinabgefallenes Haar an seine Stelle zurück, wurden noch fieberhafter … Sie instruierte eilig Mamsell Severin, und die Jungfer begab sich an den Chorknaben vorbei durch die Säulenhalle, zwischen den Hausarmen hin über den Korridor und pochte an Herrn Buddenbrooks Thür.

Gleich darauf erschien Christian. Er kam mit seinen mageren, krummen Beinen, die seit dem Gelenkrheumatismus etwas lahmten, ganz gemächlich ins Landschaftszimmer, indem er sich mit der Hand die kahle Stirne rieb.

»Donnerwetter, Kinder«, sagte er, »das hätte ich beinahe vergessen!«

»Du hättest es …« wiederholte seine Mutter und erstarrte …

»Ja, beinah vergessen, daß heut' Weihnacht ist … Ich saß und las … in einem Buch, einem Reisebuch über Südamerika … Du lieber Gott, ich habe schon andere Weihnachten gehabt …« fügte er hinzu und war soeben im Begriff, mit der Erzählung von einem Heiligen Abend anzufangen, den er zu London in einem Tingel-Tangel fünfter Ordnung verlebt, als plötzlich die im Zimmer herrschende Kirchenstille auf ihn zu wirken begann, so daß er mit krausgezogener Nase und auf den Zehenspitzen zu seinem Platze ging.

»Tochter Zion, freue dich!« sangen die Chorknaben, und sie, die eben noch da draußen so hörbare Allotria getrieben, daß der Senator sich einen Augenblick an die Tür hatte stellen müssen, um ihnen Respekt einzuflößen, – sie sangen nun ganz wunderschön. Diese hellen Stimmen, die sich, getragen von den tieferen Organen, rein, jubelnd und lobpreisend aufschwangen, zogen Aller Herzen mit sich empor, ließen das Lächeln der alten Jungfern milder werden und machten, daß die alten Leute in sich hineinsahen und ihr Leben überdachten, während die, welche mitten im Leben standen, ein Weilchen ihrer Sorgen vergaßen.

Hanno ließ sein Knie los, das er bislang umschlungen gehalten hatte. Er sah ganz blaß aus, spielte mit den Fransen seines Schemels und scheuerte seine Zunge an einem Zahn, mit halbgeöffnetem Munde und einem Gesichtsausdruck, als fröre ihn. Dann und wann empfand er das Bedürfnis, tief aufzuatmen, denn jetzt, da der Gesang, dieser glockenreine A-cappella-Gesang die Luft erfüllte, zog sein Herz sich in einem fast schmerzhaften Glück zusammen. Weihnachten ... Durch die Spalten der hohen, weißlackierten, noch fest geschlossenen Flügeltür drang der Tannenduft und erweckte mit seiner süßen Würze die Vorstellung der Wunder dort drinnen im Saale, die man jedes Jahr aufs Neue mit pochenden Pulsen als eine unfaßbare, unirdische Pracht erharrte ... Was würde dort drinnen für ihn sein? Das, was er sich gewünscht hatte, natürlich, denn das bekam man ohne Frage, gesetzt, daß es einem nicht als eine Unmöglichkeit zuvor schon ausgeredet worden war. Das Theater würde ihm gleich in die Augen springen und ihm den Weg zu seinem Platz weisen müssen, das ersehnte Puppentheater, das dem Wunschzettel für Großmama stark unterstrichen zu Häupten gestanden hatte, und das seit dem »Fidelio« beinahe sein einziger Gedanke gewesen war.

Ja, als Entschädigung und Belohnung für einen Besuch bei Herrn Brecht hatte Hanno kürzlich zum ersten Male das Theater besucht, das Stadt-Theater, wo er im ersten Range an der Seite seiner Mutter atemlos den Klängen und Vorgängen des »Fidelio« hatte folgen dürfen. Seitdem träumte er nichts als Opernscenen, und eine Leidenschaft für die Bühne erfüllte ihn, die ihn kaum schlafen ließ. Mit unaussprechlichem Neide betrachtete er auf der Straße die

Leute, die, wie ja auch sein Onkel Christian, als Theater-Habitués bekannt waren, Konsul Döhlmann, Makler Gosch … War das Glück ertragbar, wie sie fast jeden Abend dort anwesend sein zu dürfen? Könnte er nur einmal in der Woche vor Beginn der Aufführung einen Blick in den Saal tun, das Stimmen der Instrumente hören und ein wenig den geschlossenen Vorhang ansehen! Denn er liebte Alles im Theater: den Gasgeruch, die Sitze, die Musiker, den Vorhang …

Wird sein Puppentheater groß sein? Groß und breit? Wie wird der Vorhang aussehen? Man muß baldmöglichst ein kleines Loch hineinschneiden, denn auch im Vorhang des Stadt-Theaters war ein Guckloch … Ob Großmama oder Mamsell Severin – denn Großmama konnte nicht Alles besorgen – die nötigen Dekorationen zum »Fidelio« gefunden hatte? Gleich morgen wird er sich irgendwo einschließen und ganz allein eine Vorstellung geben … Und schon ließ er seine Figuren im Geiste singen; denn die Musik hatte sich ihm mit dem Theater sofort aufs Engste verbunden …

»Jauchze laut, Jerusalem!« schlossen die Chorknaben, und die Stimmen, die fugenartig nebeneinander her gegangen waren, fanden sich in der letzten Silbe friedlich und freudig zusammen. Der klare Accord verhallte, und tiefe Stille legte sich über Säulenhalle und Landschaftszimmer. Die Mitglieder der Familie blickten unter dem Drucke der Pause vor sich nieder; nur Direktor Weinschenks Augen schweiften keck und unbefangen umher, und Frau Permaneder ließ ihr trocknes Räuspern vernehmen, das ununterdrückbar war. Die Konsulin aber schritt langsam zum Tische und setzte sich inmitten ihrer Angehörigen auf das

Sofa, das nun nicht mehr wie in alter Zeit unabhängig und abgesondert vom Tische da stand. Sie rückte die Lampe zurecht und zog die große Bibel heran, deren altersbleiche Goldschnittfläche ungeheuerlich breit war. Dann schob sie die Brille auf die Nase, öffnete die beiden ledernen Spangen, mit denen das kolossale Buch geschlossen war, schlug dort auf, wo das Zeichen lag, daß das dicke, rauhe, gelbliche Papier mit dem übergroßen Druck zum Vorschein kam, nahm einen Schluck Zuckerwasser und begann, das Weihnachtskapitel zu lesen.

Sie las die altvertrauten Worte langsam und mit einfacher, zu Herzen gehender Betonung, mit einer Stimme, die sich klar, bewegt und heiter von der andächtigen Stille abhob. »Und den Menschen ein Wohlgefallen!« sagte sie. Kaum aber schwieg sie, so erklang in der Säulenhalle dreistimmig das »Stille Nacht, heilige Nacht«, in das die Familie im Landschaftszimmer einstimmte. Man ging ein wenig vorsichtig zu Werke dabei, denn die Meisten der Anwesenden waren unmusikalisch, und hie und da vernahm man in dem Ensemble einen tiefen und ganz ungehörigen Ton ... Aber das beeinträchtigte nicht die Wirkung dieses Liedes ... Frau Permaneder sang es mit bebenden Lippen, denn am süßesten und schmerzlichsten rührt es an dessen Herz, der ein bewegtes Leben hinter sich hat und im kurzen Frieden der Feierstunde Rückblick hält ... Madame Kethelsen weinte still und bitterlich, obgleich sie von Allem fast nichts vernahm.

Und dann erhob sich die Konsulin. Sie ergriff die Hand ihres Enkels Johann und die ihrer Urenkelin Elisabeth und schritt durch das Zimmer. Die alten Herrschaften schlossen sich an, die jüngeren folgten, in der Säulenhalle gesellten sich die Dienstboten und die Hausarmen hinzu, und während Alles einmütig »O Tannebaum« anstimmte und Onkel Christian vorn die Kinder zum Lachen brachte, indem er beim Marschieren die Beine hob wie ein Hampelmann und alberner Weise »O Tantebaum« sang, zog man mit geblendeten Augen und ein Lächeln auf dem Gesicht durch die weit geöffnete hohe Flügelthür direkt in den Himmel hinein.

Der ganze Saal, erfüllt von dem Dufte angesengter Tannenzweige, leuchtete und glitzerte von unzähligen kleinen Flammen, und das Himmelblau der Tapete mit ihren weißen Götterstatuen ließ den großen Raum noch heller erscheinen. Die Flämmchen der Kerzen, die dort hinten zwischen den dunkelrot verhängten Fenstern den gewaltigen Tannenbaum bedeckten, welcher, geschmückt mit Silberflittern und großen, weißen Lilien, einen schimmernden Engel an seiner Spitze und ein plastisches Krippenarrangement zu seinen Füßen, fast bis zur Decke emporragte, flimmerten in der allgemeinen Lichtflut wie ferne Sterne. Denn auf der weißgedeckten Tafel, die sich lang und breit, mit den Geschenken beladen, von den Fenstern fast bis zur Türe zog, setzte sich eine Reihe kleinerer, mit Konfekt behängter Bäume fort, die ebenfalls von brennenden Wachslichtchen erstrahlten. Und es brannten die Gasarme, die aus den Wänden hervorkamen, und es brannten die dicken Kerzen auf den vergoldeten Kandelabern in allen vier Winkeln. Große Gegenstände, Geschenke, die auf der Tafel nicht Platz hatten, standen nebeneinander auf dem Fußboden. Kleinere Tische, ebenfalls weiß gedeckt, mit Gaben belegt und mit brennenden Bäumchen geschmückt, befanden sich zu den Seiten der beiden Türen: Das waren die Bescherungen der Dienstboten und der Hausarmen.

Singend, geblendet und dem altvertrauten Raume ganz entfremdet umschritt man einmal den Saal, defilierte an der Krippe vorbei, in der ein wächsernes Jesuskind das Kreuzeszeichen zu machen schien, und blieb dann, nachdem man Blick für die einzelnen Gegenstände bekommen hatte, verstummend an seinem Platze stehen.

Hanno war vollständig verwirrt. Bald nach dem Eintritt hatten seine fieberhaft suchenden Augen das Theater erblickt … ein Theater, das, wie es dort oben auf dem Tische prangte, von so extremer Größe und Breite erschien, wie er es sich vorzustellen niemals erkühnt hatte. Aber sein Platz hatte gewechselt, er befand sich an einer der vorjährigen entgegengesetzten Stelle, und dies bewirkte, daß Hanno in seiner Verblüffung ernstlich daran zweifelte, ob dies fabelhafte Theater für ihn bestimmt sei. Hinzu kam, daß zu den Füßen der Bühne, auf dem Boden, etwas Großes, Fremdes aufgestellt war, etwas, was nicht auf seinem Wunschzettel gestanden hatte, ein Möbel, ein kommodenartiger Gegenstand … war er für ihn?

»Komm her, Kind, und sieh dir dies an«, sagte die Konsulin und öffnete den Deckel. »Ich weiß, du spielst gern Choräle … Herr Pfühl wird dir die nötigen Anweisungen geben … Man muß immer treten … manchmal schwächer und manchmal stärker … und dann die Hände nicht aufheben, sondern immer nur so peu à peu die Finger wechseln …«

Es war ein Harmonium, ein kleines, hübsches Harmonium, braun poliert, mit Metallgriffen an beiden Seiten, bunten Tretbälgen und einem zierlichen Drehsessel. Hanno griff einen Akkord … ein sanfter Orgelklang löste sich los und ließ die Umstehenden von ihren Geschenken aufblicken … Hanno umarmte seine Großmutter, die ihn zärtlich an sich preßte und ihn dann verließ, um die Danksagungen der anderen entgegenzunehmen.

Er wandte sich dem Theater zu. Das Harmonium war ein überwältigender Traum, aber er hatte doch fürs erste noch keine Zeit, sich näher damit zu beschäftigen. Es war der Überfluß des Glückes, in dem man, undankbar gegen das Einzelne, alles nur flüchtig berührt, um erst einmal das Ganze übersehen zu lernen ... Oh, ein Souffleurkasten war da, ein muschelförmiger Souffleurkasten, hinter dem breit und majestätisch in Rot und Gold der Vorhang emporrollte. Auf der Bühne war die Dekoration des letzten Fidelio-Aktes aufgestellt. Die armen Gefangenen falteten die Hände. Don Pizarro, mit gewaltig gepufften Ärmeln, verharrte irgendwo in fürchterlicher Attitüde. Und von hinten nahte im Geschwindschritt und ganz in schwarzem Sammet der Minister, um alles zum Besten zu kehren. Es war wie im Stadttheater und beinahe noch schöner. In Hannos Ohren widerhallte der Jubelchor, das Finale, und er setzte sich vor das Harmonium, um ein Stückchen daraus, das er behalten, zum Erklingen zu bringen ... Aber er stand wieder auf, um das Buch zur Hand zu nehmen, das erwünschte Buch der griechischen Mythologie, das ganz rot gebunden war und eine goldene Pallas Athene auf dem Deckel trug. Er aß von seinem Teller mit Konfekt, Marzipan und Braunen Kuchen, musterte die kleineren Dinge, die Schreibutensilien und Schulhefte und vergaß einen Augenblick alles Übrige über einem Federhalter, an dem sich irgendwo ein winziges Glaskörnchen befand, das man nur vors Auge zu halten brauchte, um wie durch Zauberspiel eine weite Schweizerlandschaft vor sich zu sehen ...

Verzeichnis der Autorinnen und Autoren, Gedichte und Druckvorlagen

WOLFGANG BORCHERT (1921–1947)

119 Die drei dunklen Könige. In: W. B.: An diesem Dienstag. Reinbek b. Hamburg: Rowohlt, 1947. S. 31–33. [Die Orthographie wurde behutsam modernisiert.]

ANNETTE VON DROSTE-HÜLSHOFF (1797–1848)

57 Am Weihnachtstage. In: A. v. D.-H.: Sämtliche Werke in zwei Bänden. Hrsg. von Bodo Plachta und Winfrid Woesler. Bd. 1. München: Winkler, 1972. S. 497–499. [Die Orthographie wurde behutsam modernisiert.]

JOSEPH VON EICHENDORFF (1788–1857)

69 Weihnachten. In: J. v. E.: Gedichte. Hrsg. von Peter Horst Neumann in Zsarb. mit Andreas Lorenczuk. Stuttgart: Reclam, 1997. S. 39. (Universal-Bibliothek. 7925.)

HANS FALLADA (1893–1947)

109 Lüttenweihnachten. In: H. F.: Gesammelte Erzählungen. Reinbek b. Hamburg: Rowohlt, 1967 [1944]. S. 275–277.

THEODOR FONTANE (1819–1898)

25 Verse zum Advent. In: T. F.: Unwiederbringlich. Hrsg. von Sven-Aage Jorgensen. Stuttgart: Reclam, 1986. S. 177. (Universal-Bibliothek. 9320.) [Der Titel wurde vom Verlag formuliert.]

85 Weihnachtsvorbereitungen. In: T. F.: Autobiographisches. Gedichte. München: Nymphenburger Verlagshandlung, 1969. S. 89–92. [Der Titel wurde vom Verlag formuliert.]

89 Allerlei Gewölk. In: T. F.: Meine Kinderjahre. Berlin: F. Fontane & Co., 1894. S. 292–295.

105 Christnacht. In: T. F.: Sämtliche Werke. 25 Bde. München: Carl Hanser, 1959–1975. Bd. 6. S. 763–765.

JOHANN WOLFGANG GOETHE (1749–1832)

95 Christgeschenk. In: J. W. G.: Goethe's Werke. Vollst. Ausg. letzter Hand. 60 Bde. Stuttgart/Tübingen: J. G. Cotta'sche Buchhandlung, 1828–42. Bd. 2. S. 14.

129 Weihnachtsvorbereitungen. In: J. W. G.: Die Leiden des jungen Werthers. Erste Fassung von 1774. Stuttgart: Reclam, 2009 [u. ö.]. (Universal-Bibliothek. 18632.) S. 97–99. [Der Titel wurde vom Verlag formuliert.]

ANDREAS GRYPHIUS (1616–1664)

81 Über die Geburt Jesu. In: A. G.: Gesamtausgabe der deutschsprachigen Werke. Bd. 1. Tübingen: Max Niemeyer, 1963. S. 30. [Die Orthographie wurde behutsam modernisiert.]

JOHANN PETER HEBEL (1760–1826)

45 Die Mutter am Christabend. In: J. P. H.: J. P. Hebels sämmtliche Werke. Bd. 1. Karlsruhe: Chr. Fr. Müller'sche Hofbuchhandlung, 1834. S. 90–94.

HERMANN HESSE (1877–1962)

37 Weihnachtsabend. In: H. H.: Sämtliche Werke in 20 Bänden. Hrsg. von Volker Michels. Bd. 10: Die Gedichte. Bearb. von Peter Huber. Frankfurt a. M.: Suhrkamp, 2002. S. 515 f. – © Suhrkamp Verlag Frankfurt am Main 2002. Alle Rechte bei und vorbehalten durch Suhrkamp Verlag Berlin.

E. T. A. HOFFMANN (1776–1822)

63 Der Weihnachtsabend. In: E. T. A. H.: Nussknacker und »Mausekönig«. Nachw. und Anm. von Alina Boy. Stuttgart: Reclam, 2022. (Universal-Bibliothek. 14371.) [Der Titel wurde vom Verlag formuliert.]

HUGO VON HOFMANNSTHAL (1874–1929)

135 Weihnacht. In: H. v. H.: Sämtliche Werke. Hrsg. von Eugene Weber. Bd. 1. Frankfurt a. M.: Fischer, 1984. S. 37. [Die Orthographie wurde behutsam modernisiert.]

LISELOTTE VON DER PFALZ (1652–1722)

41 An die Herzogin Elisabeth Charlotte von Lothringen. 11. Dezember 1708. In: L. v. d. P.: Briefe. Hrsg. von Annedore Haberl. [München/Wien]: Hanser – [Ebenhausen bei München]: Langewiesche-Brandt, 1996. S. 337 f. [Der Titel wurde vom Verlag formuliert.]

MARTIN LUTHER (1483–1546)

9 Nu kom der Heyden heyland. In: M. L.: Eyn Enchiridion oder Handbuchlein / eynem yetzlichen Christen fast nutzlich bey sich zuhaben zur stetter vbung vnnd trachtung geystlicher gesenge / vnd Psalmen / Rechtschaffen vnnd kunstlich vertheutscht … Erfurt 1524. [Hier in der heutigen Liederbuchfassung: https://de.wikibooks.org/wiki/Liederbuch/_Nun_komm,_der_Heiden_Heiland.]

THOMAS MANN (1875–1955)

139 Weihnachtsabend. T. M.: Buddenbrooks. Verfall einer Familie. Frankfurt a. M.: S. Fischer, ^{10}2008. S. 528–538. – © S. Fischer Verlag, Berlin 1901. Alle Rechte vorbehalten S. Fischer Verlag GmbH, Frankfurt am Main. [Der Titel wurde vom Verlag formuliert.]

WILHELM RAABE (1831–1910)

29 Weihnachtspredigt des Josias Tille. In: W. R.: Ausgewählte Werke in sechs Bänden. Hrsg. von Peter Goldammer und Helmut Richter. Bd. 3: Der Hungerpastor. Drei Federn. Berlin/Weimar: Aufbau, 1964. S. 424–428. [Der Titel wurde vom Verlag formuliert, die Orthographie behutsam modernisiert.]

RAINER MARIA RILKE (1875–1926)

13 Das Christkind. In: R. M. R.: Sämtliche Werke. Hrsg. vom Rilke-Archiv. In Verbindung mit Ruth Sieber-Rilke. Besorgt durch Ernst Zinn. Bd. 4: Frühe Erzählungen und Dramen. Wiesbaden / Frankfurt a. M.: Insel, 1961. S. 63–72. [Die Orthographie wurde behutsam modernisiert.]

51 R. M. R.: Weihnachtsbriefe an die Mutter. Hrsg. von Hella Sieber-Rilke. Frankfurt a. M. / Leipzig: Insel, 1995. S. 77–79.

153 R. M. R.: Gesammelte Briefe in sechs Bänden. Bd. 4: Briefe aus den Jahren 1914 bis 1926. Hrsg. von Ruth Sieber-Rilke und Carl Sieber. Leipzig: Insel, 1941. S. 361 f. [Die Orthographie wurde behutsam modernisiert.]

125 Weihnachten ist der stillste Tag im Jahr. In: R. M. R.: Sämtliche Werke. Hrsg. vom Rilke-Archiv. In Verbindung mit Ruth Sieber-Rilke. Besorgt durch Ernst Zinn. 6 Bde. Wiesbaden / Frankfurt a. M.: Insel, 1955–1966. Bd. 3. S. 755 f.

ADALBERT STIFTER (1805–1868)

99 Weihnacht. In: A. S.: Gesammelte Werke. Bd. 14. Basel / Stuttgart Birkhäuser, 1972. S. 54–56. [Die Orthographie wurde behutsam modernisiert.]

THEODOR STORM (1817–1888)

115 Von drauß' vom Walde komm ich her. In: T. S.: Theodor Storm: Sämtliche Werke. Neue Ausg. in 3 Bänden. Braunschweig/Hamburg: Georg Westermann, 1918. Bd. 1. S. 126–128. [Der Titel wurde vom Verlag formuliert.]

LUDWIG THOMA (1867–1921)

73 Der Christabend. In: L. T.: Nachbarsleute. München: Piper, 1987. [Die Orthographie wurde behutsam modernisiert.]

Inhalt

Vorwort 5

1. MARTIN LUTHER
Nun komm, der Heiden Heiland 9

2. RAINER MARIA RILKE
Das Christkind 13

3. THEODOR FONTANE
Verse zum Advent 25

4. WILHELM RAABE
Weihnachtspredigt des Josias Tille
aus dem Roman *Der Hungerpastor* 29

5. HERMANN HESSE
Weihnachtsabend 37

6. LISELOTTE VON DER PFALZ
Brief an ihre Tochter über das Nikolausfest 41

7. JOHANN PETER HEBEL
Die Mutter am Christabend 45

8. RAINER MARIA RILKE
Weihnachtsbriefe an die Mutter 51

9. ANNETTE VON DROSTE-HÜLSHOFF
Am Weihnachtstage 57

10. E. T. A. HOFFMANN
Der Weihnachtsabend aus der Erzählung
Nussknacker und Mausekönig 63

11. JOSEPH VON EICHENDORFF
Weihnachten 69

12. LUDWIG THOMA
Der Christabend 73

13. ANDREAS GRYPHIUS
Über die Geburt Jesu 81

14. THEODOR FONTANE
Weihnachtsvorbereitungen
aus *Meine Kinderjahre* 85
Allerlei Gewölk 89

15. JOHANN WOLFGANG GOETHE
Christgeschenk 95

16. ADALBERT STIFTER
Weihnacht 99

17. THEODOR FONTANE
Christnacht 105

18. HANS FALLADA
Lüttenweihnachten 109

19. THEODOR STORM
Von drauß' vom Walde komm ich her 115

20. WOLFGANG BORCHERT
Die drei dunklen Könige 119

21. RAINER MARIA RILKE
Weihnachten ist der stillste Tag im Jahr 125

22. JOHANN WOLFGANG GOETHE
Weihnachtsvorbereitungen
aus *Die Leiden des jungen Werthers* 129

23. HUGO VON HOFMANNSTHAL
Weihnacht 135

24. THOMAS MANN
Weihnachtsabend aus dem Roman
Die Buddenbrooks 139

Verzeichnis der Autorinnen und Autoren,
Gedichte und Druckvorlagen 153